Referendariat

99 Tipps & Hinweise für ein erfolgreiches Rechts-
referendariat

Referendariat

99 Tipps & Hinweise für ein erfolgreiches Rechtsreferendariat

von

Dr. Michael Berkemeyer

und

Mandy Hrube, LL.M. (Stellenbosch)

3. Auflage

ReferendarFachVerlag 2022

https://www.referendarfachverlag.de

Meinard-Fortmann-Straße 50
49377 Vechta

ISBN 978-3-946823-30-8

Vorwort

Die zahlreichen – fast ausschließlich positiven – Rückmeldungen zu den bisherigen Auflagen haben uns gezeigt, dass unser Buch mit Tipps zur Planung des Referendariats sowie zur Vorbereitung auf das 2. Staatsexamen eine Lücke bei der Literatur für Referendare geschlossen hat. Für das hilfreiche Feedback unserer Leser möchten wir uns ausdrücklich bedanken!

Für die 3. Auflage des Buchs haben wir zunächst alle Daten und Fakten auf den neuesten Stand gebracht sowie bestehende Kapitel inhaltlich ergänzt. Zudem haben wir das Buch um zahlreiche Tipps & Hinweise für ein erfolgreiches Rechtsreferendariat erweitert.

Wir freuen uns auch weiterhin über Dein positives Feedback genauso wie über Deine kritischen Anmerkungen zum Buch, die Du uns gerne per E-Mail an 99tipps@referendarfachverlag.de zukommen lassen kannst.

Vechta, im Februar 2022

Vorwort zur 1. Auflage

Man hat nur ein Referendariat. Dementsprechend darf man sowohl bei der Planung des Rechtsreferendariats als auch bei der Vorbereitung auf das 2. Staatsexamen keine Fehler machen, die den Erfolg im Referendariat und im Assessorexamen gefährden könnten.

Hilfreich für ein erfolgreiches Referendariat ist es, auf die Erfahrungen von Juristen, die das Referendariat bereits mit Erfolg absolviert haben, zurückzugreifen. Genau dieses Ziel verfolgt das vorliegende Buch, nämlich: hilfreiche Tipps & Hinweise ehemaliger Rechtsreferendare zu bündeln und den angehenden Referendaren an die Hand zu geben.

In diesem Buch findest Du unter anderem Ratschläge zur Wahl des richtigen Referendariatorts, Tipps für die Auswahl und Gestaltung der einzelnen Stationen im Referendariat und viele hilfreiche Hinweise zur optimalen Vorbereitung auf das 2. Examen. Wir haben dabei versucht, die Tipps & Hinweise einerseits chronologisch in vier Abschnitten und andererseits thematisch in 32 Kapiteln zusammenzufassen.

Das Buch enthält dabei sogar deutlich mehr als die im Titel genannten *„99 Tipps & Hinweise für ein erfolgreiches Rechtsreferendariat"*. Denn neben den derzeit 32 Kapiteln, deren Überschriften für sich bereits als Tipp formuliert sind, finden sich auch im Text eines jeden Kapitels eine Vielzahl an weiteren hilfreichen Tipps & Hinweisen für (angehende) Referendare. Unserer Ansicht nach besonders wichtige Tipps haben wir dabei mit einer Glühbirne als Symbol kenntlich gemacht; weiterführende Hinweise und interessante Informationen haben wir mit einem grauen Kasten hinterlegt.

Wir freuen uns über Dein positives Feedback genauso wie über Deine kritischen Anmerkungen zum Buch, die Du uns gerne per E-Mail an 99tipps@referendarfachverlag.de zukommen lassen kannst. Die Informationen im Buch haben wir mit großer Sorgfalt zusammengetragen. Solltest Du dennoch einen Fehler entdecken, sind wir Dir dankbar, wenn Du uns einen Hinweis an die genannte E-Mail-Adresse sendest.

Das Referendariat ist eine spannende, abwechslungsreiche und schöne Zeit in der Ausbildung eines jeden Juristen. Wir wünschen Dir für Deinen juristischen Vorbereitungsdienst alles Gute und den größtmöglichen Erfolg! Unser mit viel Leidenschaft geschriebenes Buch sowie die darin enthaltenen Tipps & Hinweise werden hoffentlich auch Dir dabei helfen, das Rechtsreferendariat erfolgreich zu gestalten.

Vechta, im November 2017

Inhaltsverzeichnis

Vorwort ... I

Vorwort zur 1. Auflage ... I

Inhaltsverzeichnis ... III

Literatur- und Abkürzungsverzeichnis ... VII

» Allgemeine Tipps & Hinweise für die Zeit vor dem Beginn des Referendariats ... 1

1 – Die beste Vorbereitung auf das Referendariat ist zu entspannen und die freie Zeit zu genießen ... 3

2 – Achte bei der Wahl des Ortes für Dein Referendariat nicht auf das Gehalt oder die Statistiken ... 7

3 – Es gibt kein Gericht, an dem die AG besonders gut (oder schlecht) auf das Examen vorbereitet ... 17

» Tipps & Hinweise für die Pflichtstationen des Referendariats ... 23

4 – Das Referendariat dauert keine zwei Jahre ... 25

5 – Genieße die Referendarzeit, aber lerne zugleich vom ersten Tag an ... 31

6 – Nutze für die Übungsklausuren die Vorauflagen der Kommentare ... 35

7 – Verplane frühzeitig Deinen Erholungsurlaub ... 41

8 – Miete Dir frühzeitig die aktuellsten Kommentare für das Examen ... 49

9 – Mache eine Steuererklärung ... 55

10 – Nutze mögliche Vergünstigungen im Referendariat 61

11 – Buchtipps für die Zivilrechtsstation 65

12 – Bewerte die Zeugnisse im Referendariat nicht falsch 69

13 – Die Bewertungen der AG-Klausuren haben (k)eine Aussagekraft 73

14 – Buchtipps für die Strafrechtsstation 79

15 – Nutze die sich Dir bietenden Möglichkeiten der Strafrechtsstation 83

16 – Buchtipps für die Verwaltungsstation 89

17 – Bestehe auf den Studientag in der Verwaltungsstation 93

18 – Beginne am Anfang der Verwaltungsstation mit dem regelmäßigen Klausuren Schreiben 99

19 – Suche Dir rechtzeitig den für Dich passenden Ausbilder in der Anwaltsstation 107

20 – Nutze die Möglichkeiten der Wahlstation 115

» Tipps & Hinweise zur Examensvorbereitung, das schriftliche Examen und die mündliche Prüfung 121

21 – Tipps für die Wahl eines Repetitoriums für die Vorbereitung auf das 2. Examen 123

22 – Das schriftliche Examen ist keine Glückssache 127

23 – Triff die Entscheidung zu einer Wahlklausur im 2. Examen mit Bedacht 133

24 – Das Abgeben einer fertigen Klausur ist Bestandteil der Prüfungsleistung 137

25 – Lies den Bearbeitervermerk 143

26 – Erlerne die Sprache der Praktiker.....147
27 – Mache Dir das „Fehlersystem“ im schriftlichen Examen klar.....153
28 – Verliere nicht den Mut, wenn Du erstmals durch das Examen fällst.....157
29 – Schaue Dir im Vorfeld eine mündliche Prüfung als Besucher an.....167
30 – Übe möglichst viele Aktenvorträge für die mündliche Prüfung.....173
31 – Zerbreche nicht, wenn Du das Examen endgültig nicht bestehst.....179

» Weitere Tipps & Hinweise für die Zeit nach dem Referendariat.....185
32 – Melde Dich rechtzeitig arbeitssuchend bzw. arbeitslos.....187
33 – Mache Deine gebrauchten Bücher zu Geld.....191
34 – Wage den Verbesserungsversuch.....193
35 – Verwirkliche ein Promotionsvorhaben nach dem Referendariat.....201
36 – Wie Du nach dem Referendariat den richtigen Job findest.....205

Literatur- und Abkürzungsverzeichnis

Abs.	Absatz
AG	Arbeitsgemeinschaft
a. F.	alte Fassung
AO	Abgabenordnung
Art.	Artikel
Az.	Aktenzeichen
BGB	Bürgerliches Gesetzbuch
BGH	Bundesgerichtshof
BSG	Bundessozialgericht
BVerwG	Bundesverwaltungsgericht
DRiG	Deutsches Richtergesetz
EStG	Einkommenssteuergesetz
EuGH	Europäischer Gerichtshof
f.	folgende
ff.	fortfolgende
FrUrlV	Freistellungs- und Urlaubsverordnung NRW
GG	Grundgesetz
GJPA	Gemeinsames Juristisches Prüfungsamt der Länder Berlin und Brandenburg

GPA	Gemeinsames Prüfungsamt der Länder Bremen, Hamburg und Schleswig-Holstein
HGB	Handelsgesetzbuch
JAG	Juristenausbildungsgesetz
JAGebO	Gebührenordnung für die staatliche Pflichtfachprüfung und die zweite juristische Staatsprüfung NRW
JAO	Juristenausbildungsordnung
JAPO / JAPrO / JAPrVO	Ausbildungs- und Prüfungs(ver)ordnung für Juristen
JAVO	Juristenausbildungsverordnung
JKapVVO	Verordnung über die Ausbildungskapazität und das Vergabeverfahren für den juristischen Vorbereitungsdienst
JPA	Juristisches Prüfungsamt
KG	Kammergericht
LBeamtG	Landesbeamtengesetz
LG	Landgericht
LJPA	Landesjustizprüfungsamt
LL.M.	Master of Laws
LSG	Landessozialgericht
NJG	Niedersächsisches Justizgesetz
NJW	Neue Juristische Wochenschrift
NZA	Neue Zeitschrift für Arbeitsrecht

OLG	Oberlandesgericht
RAK	Rechtsanwaltskammer
RiZ	Richterzeitung
Rn.	Randnummer
Schmidt-Räntsch, Günther	Deutsches Richtergesetz, 6. Auflage 2009
SGB	Sozialgesetzbuch
StGB	Strafgesetzbuch
StPO	Strafprozessordnung
VG	Verwaltungsgericht
vgl.	vergleiche
VwGO	Verwaltungsgerichtsordnung
VwVfG	Verwaltungsverfahrensgesetz
WoVermG	Wohnraumvermittlungsgesetz
ZPO	Zivilprozessordnung

Abschnitt 1

» Allgemeine Tipps & Hinweise für die Zeit vor dem Beginn des Referendariats

1 Die beste Vorbereitung auf das Referendariat ist zu entspannen und die freie Zeit zu genießen

Eine Frage bekommen wir sehr häufig per E-Mail gestellt: „Was kann ich vor dem Start ins Referendariat tun, um optimal vorbereitet mit dem juristischen Vorbereitungsdienst zu beginnen?“ In der Regel zielt diese Frage darauf ab, von uns **Buchtipps zu erhalten** oder zumindest Rechtsgebiete genannt zu bekommen, die man vorab wiederholen sollte. Offenbar fällt es vielen Juristen sehr schwer, einfach fachlich mal nichts zu machen und den Beginn des Referendariats abzuwarten.

Unsere Antwort auf diese Frage ist dennoch immer dieselbe: Genieße die freie Zeit, die Du bis zum Beginn des Referendariats hast, und **erhole Dich von den Strapazen** des gerade absolvierten 1. Staatsexamens!

» Kein langes Warten mehr auf einen Referendariatsplatz

Zwischen der mündlichen Prüfung als Abschluss des 1. Examens und dem Beginn des Referendariats liegen in der Regel nur wenige Wochen. Denn anders als früher spielen nunmehr **Wartezeiten** eine untergeordnete Rolle. In nahezu allen Bundesländern erhält man zeitnah nach Abgabe der vollständigen Bewerbung die Zusage für einen Referendariatsplatz. Lediglich in den **Stadtstaaten Hamburg und Berlin** kann es längere Wartezeiten geben.

Übersicht zu den aktuellen Wartezeiten:

Hamburg:	je nach Note im 1. Examen bis zu 30 Monate
Berlin:	je nach Note im 1. Examen bis zu 25 Monate

Brandenburg:	ca. 6 Monate
Saarland:	ca. 6 Monate
Hessen:	je nach Note im 1. Examen bis zu 6 Monate
Bremen:	je nach Note im 1. Examen bis zu 6 Monate
NRW:	je nach OLG-Bezirk ca. 3-6 Monate
Niedersachsen:	je nach OLG-Bezirk ca. 3 Monate
Schleswig-Holstein:	ca. 3 Monate
In allen übrigen Bundesländern bestehen nach derzeitigem Stand keine Wartezeiten.*	

Berücksichtigt man, dass man zunächst die **Bewerbung(en) um einen Referendarplatz** zusammenstellen muss und für viele Referendare vor dem eigentlichen Start in den Vorbereitungsdienst noch **Wohnungssuche und Umzug** anstehen, sollte man die verbleibende Zeit bis zum Start ins Referendariat dafür nutzen, sich vom Stress des 1. Examens zu erholen. Das Referendariat selbst wird – je näher das schriftliche Examen rückt – wieder anstrengend genug.

Zudem muss man sich bewusst machen, dass die Monate vor dem Referendariat die wahrscheinlich letzten im Leben sein werden, die man **frei verplanen** kann. Nach dem Referendariat steht der Gang zur Arbeitsagentur an. Und diese ist in der heutigen Zeit erpicht darauf, den arbeitssuchenden Ex-Referendar möglichst schnell in Lohn und Brot zu vermitteln. **Nach dem ersten Jobeinstieg** schließlich hat man als Arbeitnehmer nur noch die üblichen sechs Wochen Urlaub, die man über das Jahr hinweg nehmen kann; wer sich selbständig macht, wird gerade in der

* Die aktuellen Zahlen zu den Wartezeiten findest Du stets auf folgender Seite: https://www.juristenkoffer.de/rechtsreferendariat/wartezeiten/.

Anfangsphase höchstwahrscheinlich noch weniger Möglichkeiten haben, sich freizunehmen.

Es ist wirklich **nicht notwendig**, vor dem Start ins Referendariat bereits Bücher wie *Anders/Gehle* (als Standardwerk zB in NRW) oder *Knöringer* (als Standardwerk in den südlichen Bundesländern) zur Hand zu nehmen. Schon gar nicht sollte man vorab die Skripte der Repetitoren wie *Alpmann Schmidt*, *Hemmer* oder *Kaiser* lesen, da diese nicht zur Erarbeitung des Stoffs, sondern nur zur kompakten Wiederholung vor dem 2. Examen geeignet sind. Vielmehr beginnt die Zivilrechtsstation[*] mit einer **ausführlichen Einführung**, die sich über mehrere Wochen erstreckt. In diesen Einführungswochen erhält man alles Wichtige zur Arbeitsweise von Richtern (insbesondere den Urteilsstil sowie die Relationstechnik) von Praktikern erklärt. Wenn man parallel zu dieser Arbeitsgemeinschaft am Gericht dann eines der genannten Lehrbücher liest und durcharbeitet, reicht das vollkommen aus.

» Ausnahme: Langer Zeitraum zwischen 1. Examen und Referendariat

Nur für den Fall, dass zwischen der das Examen abschließenden mündlichen Prüfung und dem Beginn des Referendariats **ausnahmsweise viele Monate oder sogar Jahre liegen**, da Du zum Beispiel eine der wenigen bestehenden Wartezeiten in Kauf genommen oder Dich nach dem Studium für einen LL.M. bzw. eine Promotion entschieden hast, empfehlen wir Dir als (kleine) Vorbereitung, das **Zivilprozess- und Zwangsvollstreckungsrecht** zu wiederholen. Beide Rechtsgebiete werden im Laufe des Vorbereitungsdienstes und auch im 2. Examen **deutlich**

[*] Die Zivilrechtsstation ist in nahezu allen Bundesländern die erste Station im Referendariat.

wichtiger als noch zu Studienzeiten; die Grundlagen muss man bereits bei Beginn des Referendariats draufhaben.

Zudem solltest Du das **materielle (Zivil-)Recht** auffrischen. Denn auch wenn das Prozessrecht an Bedeutung gewinnt, ist Grundlage einer jeden Aktenbearbeitung bzw. Klausur, dass man das materielle Recht beherrscht. Defizite in diesem Bereich zu Beginn des Referendariats sind nur mühsam wieder aufzuholen, da man mit der **Erarbeitung des „neuen Stoffs“** bereits ausreichend zu tun hat.

2 Achte bei der Wahl des Ortes für Dein Referendariat nicht auf das Gehalt oder die Statistiken

Auf unseren Infoseiten zum Rechtsreferendariat* kannst Du Dich ausführlich für jedes Bundesland über das **Bewerbungsverfahren, den Aufbau und Ablauf sowie das Gehalt** im Rechtsreferendariat informieren. Neben vielen weiteren Aspekten stellen wir in den Länderübersichten zudem die Examensstatistiken der letzten Jahre dar. Trotz alledem sollten die Infos zum Gehalt sowie zu den **Statistiken im 2. Examen keine Rolle bei der Entscheidung** spielen, wo Du Dein Referendariat machen möchtest.

» Vorab: Bundeslandwechsel ist möglich

Überraschend häufig erreicht uns die Frage, ob es denn überhaupt erlaubt sei, das Referendariat in einem anderen Bundesland zu machen als das Studium bzw. das 1. Staatsexamen. Darauf gibt es nur eine richtige Antwort: Ein **Bundeslandwechsel** ist selbstverständlich zulässig.

Ausgangspunkt für die **rechtliche Zulässigkeit** ist *§ 5b DRiG*. Diese Norm stellt gewisse Mindestvoraussetzungen für den juristischen Vorbereitungsdienst auf, überlässt aber nach Absatz 6 die detaillierte Regelung des Referendariats dem Landesrecht. In den **Justizausbildungsgesetzen der Länder** wiederum wird eindeutig klargestellt, dass ein Bundeslandwechsel nach dem 1. Staatsexamen möglich ist.

---

* Abrufbar unter: https://www.juristenkoffer.de/rechtsreferendariat/.

So lautet zB *§ 30 Abs. 6 JAG NRW*:

„Die Aufnahme in den Vorbereitungsdienst darf nicht deswegen versagt werden, weil die erste juristische Staatsprüfung nicht im Land Nordrhein-Westfalen abgelegt worden ist."

Auch **praktische Erwägungen** sprechen nicht dagegen, das Referendariat in einem anderen Bundesland als das Studium zu absolvieren. Hinsichtlich des Prüfungsstoffs muss man lediglich berücksichtigen, dass es Unterschiede im Bereich des Besonderen Verwaltungsrechts gibt. Hier reicht es aus, sich anhand **länderspezifischer Skripte oder Lehrbücher** die Systematik und die wichtigsten Normen des Landesrechts im Bundesland, in dem man nun Referendar ist, zu lernen. In manchen Bundesländern gibt es darüber hinaus auch **spezielle Veranstaltungen**, die sich gerade an Studenten und Referendare richten, die das Bundesland gewechselt haben.

Für Referendare, die nach **Bremen, Hamburg oder Schleswig-Holstein** wechseln, besteht das Problem des Besonderen Verwaltungsrechts im Übrigen gar nicht. Denn in diesen drei Bundesländern, die zum **GPA-Bereich** zählen*, sind für die verwaltungsrechtlichen Klausuren im 2. Examen – anders als in allen anderen Ländern – **gar keine Landesgesetzestexte im Examen als Hilfsmittel** zugelassen. Sofern es in der konkreten Klausur auf landesverwaltungsrechtliche Normen ankommt, liegt dem Sachverhalt ein Auszug der Gesetze eines fiktiven Bundeslandes X bei, welcher dann zur Lösung der Klausur von den Referendaren heranzuziehen ist.

* GPA = Gemeinsames Prüfungsamt der Länder Bremen, Hamburg und Schleswig-Holstein mit Sitz in Hamburg.

» *Achtung: „Landeskinder-Regel in Baden-Württemberg, Berlin und dem OLG-Bezirk Köln*

Auch wenn der Grundsatz gilt, dass ein Bundeslandwechsel nach dem ersten Examen ohne Probleme möglich ist, möchten wir an dieser Stelle **auf eine Besonderheit aufmerksam machen**: In manchen Ländern bzw. Gerichtsbezirken werden bei der Vergabe der zur Verfügung stehenden Referendarplätze die „Landeskinder“ bevorzugt.

So muss ein Bewerber für einen **Referendarplatz im OLG-Bezirk Köln** darlegen, dass er „durch längeren Wohnsitz oder sonstige engere Beziehung dauerhaft mit dem OLG-Bezirk Köln verbunden ist“. Dies ist beispielsweise der Fall, wenn der Bewerber **seit mindestens zwei Jahren im Bezirk seinen Wohnsitz** hat und dies durch Vorlage einer aktuellen Meldebescheinigung nachweisen kann.* Besteht eine solche Verbundenheit nicht, ist es schwierig, einen Platz im OLG-Bezirk Köln zu erhalten.

Berlin bevorzugt „Landeskinder“ dadurch, dass verschiedene Wartelisten geführt werden, die danach differenzieren, ob der Bewerber **sein 1. Examen in Berlin oder außerhalb von Berlin** gemacht hat. Rechtsgrundlage dieser Differenzierung ist *§ 5 Abs. 2 Satz 3 der „Verordnung über die Ausbildungskapazität und das Vergabeverfahren für den juristischen Vorbereitungsdienst (JKapVVO)“*. Die **Wartezeit für Bewerber mit einem**

* Eine „Verbundenheit“ besteht auch dann, wenn man bereits drei Monate vor einem möglichen Einstellungstermin als wissenschaftliche Hilfskraft oder wissenschaftlicher Mitarbeiter an der juristischen Fakultät der Universitäten Bonn oder Köln tätig ist und diese Arbeit im Rahmen einer Nebentätigkeit auch während des Vorbereitungsdienstes weiter ausüben will. Andere persönliche Beziehungen zum OLG-Bezirk wie zB im Bezirk lebende Verwandte oder ein Freundes- und Bekanntenkreis sind ebenso wenig ausreichend wie ein Promotionsvorhaben an einer der genannten Fakultäten oder berufliche bzw. nebenberufliche Tätigkeiten oder Perspektiven.

1. Examen außerhalb von Berlin beträgt derzeit ca. vier bis fünf Monate mehr als für Bewerber mit einem Berliner Referendarexamen.

In **Baden-Württemberg** gibt es zwar keine Landeskinder-Regel bei der Frage, ob man überhaupt zu einem bestimmten Einstellungstermin einen Referendarplatz erhält; denn die *„Verordnung über Zulassungsbeschränkungen für den juristischen Vorbereitungsdienst"* sieht insofern keine Differenzierung vor. Allerdings **werden Landeskinder im Rahmen der Ortswünsche**, zu welchem Landgerichtsbezirk eine Zuweisung erfolgen soll, bevorzugt behandelt. So erhalten zunächst solche Bewerber einen Ausbildungsplatz am Ort ihres Erstwunsches, die **wegen ihrer Tätigkeit als wissenschaftliche Mitarbeiter an der örtlichen juristischen Fakultät** von dieser auf der „Fakultätsliste" geführt werden oder bei denen besondere soziale Aspekte vorliegen. Für die danach noch zur Verfügung stehenden Plätze werden solche Bewerber vorrangig berücksichtigt, die bis zum Bewerbungsschluss mit oder ohne Unterbrechungen **mindestens acht Jahre lang** in dem gewünschten Landgerichtsbezirk wohnhaft gewesen sind. Schließlich werden Bewerber, welche die **Erste juristische Prüfung in Baden-Württemberg** absolviert haben, den übrigen Bewerbern bei der örtlichen Zuweisung vorgezogen.

Rechtmäßigkeit der „Landeskinder-Regel"

Die Gerichte halten Landeskinder-Regelungen in den meisten Fällen für rechtlich zulässig. So entschied im Jahr 2006 das Verwaltungsgericht Berlin zu der oben genannten Vorschrift des *§ 5 Abs. 2 Satz 3 JKapVVO*, dass ein Eingriff in die Rechte der übrigen Bewerber – insbesondere in Hinblick auf *Art. 12 Abs. 1 GG* in Verbindung mit *Art. 3 Abs. 1 GG* und dem Sozialstaatsprinzip – gerechtfertigt sein kann, „wenn die Bevorzugung von Landeskindern im konkreten Einzelfall durch öffentliche Interessen gerechtfertigt ist". Konkret könne die mit der Bevorzugung der Berliner Bewerber verbundene Beschränkung des *Art. 12 Abs. 1 GG* mit dem Sozialstaatsprinzip legitimiert werden, weil

> die Landeskinder nicht in eine andere Stadt umziehen und gewachsene Bindungen aufgeben müssen.*

» *Gehalt sollte kein Kriterium sein*

Bei der Entscheidung, in welchem Land man das Referendariat ableistet, sollte die Höhe der gezahlten **Unterhaltsbeihilfe grundsätzlich keine Rolle** spielen. Der Grund hierfür ist ganz einfach: In allen Ländern wird man als Rechtsreferendar schlecht bezahlt.

	Höhe der Beihilfe (brutto)
*Sachsen***	1.595,10 Euro
*Hessen***	1.523,13 Euro
*Mecklenburg-Vorpommern***	1.502,50 Euro
Berlin	1.487,52 Euro
Brandenburg	1.473,26 Euro

* Vgl. VG Berlin, Beschluss vom 26. Oktober 2006 – 7 A 208.06, juris.

** Die Länder Sachsen, Hessen und Mecklenburg-Vorpommern sind wieder dazu übergegangen, Rechtsreferendare für die Zeit des Vorbereitungsdienstes als Beamte auf Widerruf einzustellen. Dies hat sich in einer deutlich höheren Vergütung der Referendare niedergeschlagen. So erhalten zB Referendare in MV, die die Voraussetzungen für eine Verbeamtung nicht erfüllen und daher den Vorbereitungsdienst in einem öffentlich-rechtlichen Ausbildungsverhältnis ableisten, lediglich eine Unterhaltsbeihilfe in Höhe von 1.295,00 Euro.

Bayern	1.452,08 Euro
Schleswig-Holstein	1.394,79 Euro
Rheinland-Pfalz	1.354,86 Euro
Baden-Württemberg	1.352,51 Euro
Bremen	1.333,61 Euro
Nordrhein-Westfalen	1.325,17 Euro
Sachsen-Anhalt	1.311,75 Euro
Thüringen	1.300,00 Euro
Niedersachsen	1.276,63 Euro
Saarland	1.261,43 Euro
Hamburg	1.209,21 Euro

Ob das Gehalt in einem Bundesland* gering oder ganz gering ausfällt, kann also **letztlich kein Kriterium** bei der Wahl des Referendariatorts sein.

Was Du allerdings im Blick behalten musst, ist der Aspekt, ob die – in allen Ländern – niedrige Unterhaltsbeihilfe ggf. zusammen mit dem bislang Ersparten ausreicht, um Deine **Lebenshaltungskosten am konkreten Ort** zu decken. Gerade durch die Explosion der Mieten in Großstädten

* Die aktuelle Höhe der Beihilfe in allen Ländern kannst Du auf folgender Seite einsehen: https://www.juristenkoffer.de/rechtsreferendariat/unterhaltsbeihilfe/.

wie Hamburg, Berlin oder München **wird es schwierig sein**, in einer dieser Städte sein Referendariat abzuleisten und mit dem Referendargehalt die Lebenshaltungskosten zu bestreiten, ohne zusätzlich noch einen (juristischen) Nebenjob anzunehmen bzw. annehmen zu müssen.

> **Hinweis: Beantragung von Wohngeld möglich**
>
> Rechtsreferendare berichten uns immer wieder, dass ihr Antrag auf Wohngeld positiv beschieden wurde. Es ist also durchaus möglich, neben der überschaubaren Unterhaltsbeihilfe ~~Wohngeld~~ in Form eines Mietzuschusses von der Stadt zu erhalten. Die konkrete Berechnung ist kompliziert und hängt von den Umständen im Einzelfall – insbesondere der Miethöhe – ab.
>
> Im Endeffekt muss jeder Referendar selbst entscheiden, ob er den Gang zur Stadt wagt und seinen möglichen Anspruch auf Wohngeld vom zuständigen Sachbearbeiter prüfen lässt.

» Zu hohe Schwankungen bei den Examensstatistiken

Verführerisch ist es natürlich, bei der Wahl des Bundeslandes danach zu schauen, wie in der Vergangenheit **das 2. Examen statistisch ausgefallen ist**, um so das Risiko zu minimieren durchzufallen bzw. die Chance auf ein gutes Examen zu erhöhen. Hiervon können wir aber nur abraten. Denn die **Schwankungen der Statistiken** sind zu hoch. War die Durchfallquote im Jahr vor der Bewerbung um einen Referendariatsplatz in einem Bundesland niedrig, bedeutet dies noch lange nicht, dass die Durchfallquote gut zwei Jahre später noch immer auf diesem niedrigen Niveau liegt.

Gerade ein Blick auf die Examensstatistiken der letzten zehn Jahre zeigt, dass in nahezu jedem Bundesland mehrere **„Ausschläge" bei der Durchfallquote bzw. bei der Anzahl an Prädikatsexamina** nach oben oder unten zu verzeichnen sind. Dabei kommt es in der Regel in den Ländern zu sehr großen Schwankungen, in denen pro Jahr eher wenige Referendare das 2. Staatsexamen schreiben*. Entsprechend dem „Gesetz der großen Zahlen“ fallen die **Schwankungen in den Ländern mit vielen Examenskandidaten pro Jahr** zwar etwas geringer aus, sind aber auch in diesen Ländern vorhanden.

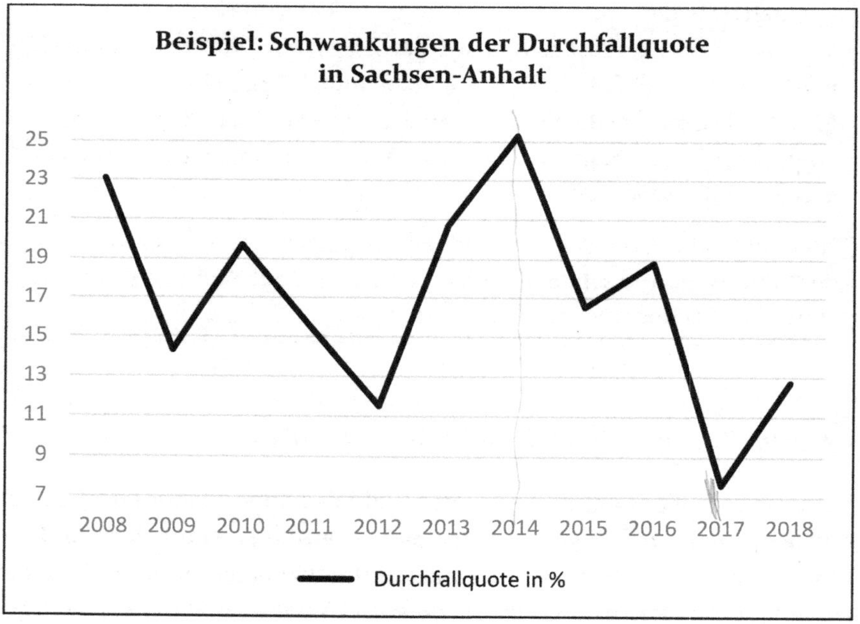

In **Sachsen-Anhalt** fiel im Jahr 2014 mehr als jeder Vierte Referendar durch das 2. Examen. Drei Jahre später betrug die Durchfallquote dagegen nur noch 7,6 %. Rückblickend wäre es somit ein Fehler gewesen, sich **nur aufgrund der hohen Durchfallquote** gegen den Beginn des Vorbereitungsdienstes in Sachsen-Anhalt zu entscheiden.

---

* Hierzu zählen beispielsweise die Länder Bremen, Thüringen und das Saarland.

» Zulässige Kriterien sind Wartezeit und Wohlfühlatmosphäre

Für ein zulässiges Kriterium bei der Wahl des Referendariatorts halten wir zum einen **die Wartezeit**. Hat man lediglich ein ausreichendes erstes Staatsexamen, sollte man sich genau überlegen, ob man sein Referendariat tatsächlich in Hamburg machen und über zwei Jahre auf die Zuteilung eines Platzes warten möchte. Hier bietet es sich eher an, auf die benachbarten Länder wie **Niedersachsen oder Schleswig-Holstein auszuweichen** und ggf. dennoch in Hamburg zu wohnen. Dasselbe gilt bei dem dringenden Wunsch, in Berlin Referendar zu werden. Auch hier sollte man sich die voraussichtlichen Wartezeiten genau anschauen. Eventuell ist es auch hier sinnvoller, für das Referendariat nach Brandenburg zu gehen. Wenn man einen Platz beispielsweise am LG Potsdam erhält, spricht nichts dagegen, dennoch in Berlin zu wohnen.

Tipp: Restplätze zum Verkürzen der Wartezeit

In NRW muss man in allen drei OLG-Bezirken Wartezeiten in Kauf nehmen. Auch wenn diese derzeit mit maximal sechs Monaten überschaubar lang ausfallen, ist es möglich, auf den Seiten der Oberlandesgerichte nach nicht vergebenen Restplätzen zu schauen. Die Gerichte veröffentlichen jeden Monat, ob und zu welchem Termin an den Landgerichten im jeweiligen OLG-Bezirk noch Plätze frei sind. So kann man mit etwas Flexibilität die Wartezeit abkürzen und schnell ins Referendariat starten.

Zum anderen ist das **Wohlbefinden während der Referendarzeit** viel wichtiger als der Blick auf das Gehalt oder die Statistiken. So profan es klingen mag: Gute Leistungen im juristischen Vorbereitungsdienst kann man immer nur dann bringen, wenn man sich wohlfühlt! Das sollte man auch bei der **Ortswahl für das Referendariat** berücksichtigen. Die karnevalsliebende rheinische Frohnatur sollte ihr Referendariat eher nicht am

LG Stralsund machen; der Großstadtmensch wird versauern, wenn er Referendar am LG Paderborn wird; und der Familienmensch tut nicht gut daran, das Referendariat in einer Stadt mit 500 km Entfernung zu seiner Familie zu absolvieren.

Ergänzender Hinweis: Kein Anspruch auf Berücksichtigung eines Ortswunsches

Hat man sich endlich für ein Bundesland oder ein OLG-Bezirk entschieden, in dem man sein Referendariat machen möchte, darf man zwar im Rahmen der Bewerbung Ortswünsche äußern, welchem Gericht man zugewiesen werden möchte. Man hat aber keinen Anspruch darauf, dass diese Ortswünsche bei der Vergabe der Referendarplätze auch berücksichtigt werden. Es ist also sehr schwer planbar, als Referendar in begehrte Städte wie zum Beispiel Frankfurt, Leipzig oder München zu kommen.

3 Es gibt kein Gericht, an dem die AG besonders gut (oder schlecht) auf das Examen vorbereitet

Wo wir gerade bei den Kriterien und Aspekten sind, die bei der Wahl des (Land-)Gerichts, an dem man sein Referendariat absolvieren möchte, keine Rolle spielen sollten: In den juristischen Foren findet man häufig Fragen dazu, wie denn an einem bestimmten Gericht **die Qualität der Arbeitsgemeinschaft im Hinblick auf die Examensvorbereitung** ist. Gewünscht sind dann positive oder negative Erfahrungsberichte von Referendaren, die an dem Gericht ihr Referendariat gemacht haben.

Unabhängig davon, dass kein Referendar die Qualität der Arbeitsgemeinschaften an zwei oder mehreren Gerichten zueinander in Relation setzen kann (und nur das hätte einen Mehrwert bei der Frage, wie gut oder schlecht eine AG ist), sind derartige **subjektive Erfahrungsberichte vollkommen unerheblich für die eigene Entscheidung**, für welchen Referendariatort man sich bewirbt. Die Erklärung für diesen Hinweis ist ganz einfach: Die Arbeitsgemeinschaft bei Gericht – egal wie gut oder schlecht sie ist – **bereitet (für sich allein) überhaupt nicht auf das Examen** vor. Du brauchst also die Qualität der Arbeitsgemeinschaft im Hinblick auf die Examensvorbereitung in Deine Überlegungen, an welchem Gericht Du Dein Referendariat ableisten möchtest, gar nicht erst berücksichtigen.

» AG-Leiter sind keine Pädagogen

Die Arbeitsgemeinschaften bei Gericht werden von Personen gehalten, die von Beruf **Richter, Staatsanwälte, Rechtsanwälte oder Verwaltungs-**

juristen sind. Niemand der AG-Leiter ist Pädagoge oder hat aus anderen Gründen Kenntnis von Didaktik oder Wissensvermittlung. Es zeugt schon von einer Mischung aus Naivität und Unverschämtheit, wenn sich Referendare **öffentlich in Foren darüber beschweren**, dass sie durch die Arbeitsgemeinschaft bei Gericht nur unzureichend auf das 2. Staatsexamen vorbereitet wurden, und sich damit ihr schlechtes Abschneiden erklären.

Anders als bei Universitätsprofessoren, die qua Auftrag sich nicht nur der Forschung widmen können, sondern in nicht unerheblichem zeitlichen Umfang auch in der Lehre tätig werden müssen, steht in der Jobbeschreibung der Richter, Staatsanwälte oder sonstigen Juristen gerade nichts davon, dass sie auch ihr Wissen den Rechtsreferendaren an ihrem Gericht vermitteln müssen. Bei der **Einstellung von Proberichtern** wird dementsprechend auch nicht darauf geachtet, ob der jeweilige Proberichter talentiert ist, eine AG für Referendare zu halten. Zudem kommunizieren viele der AG-Leiter den Referendaren sogar offen gegenüber, sich nicht freiwillig für das Halten einer Arbeitsgemeinschaft gemeldet zu haben; gerade die **jungen Richter werden vielmehr „dazu verdonnert"**, in der Referendarausbildung tätig zu werden.

Referendarausbildung als Dienstpflicht?

Gemäß *§ 42 DRiG* können Richter und Staatsanwälte zwar – sogar gegen ihren Willen – zu einer Nebentätigkeit in der Gerichtsverwaltung sowie in der Rechtspflege verpflichtet werden. Zur Rechtspflege im Sinne dieser Vorschrift zählen allerdings nicht Tätigkeiten als AG-Leiter oder als Mitglied in einer Prüfungskommission. Diese Tätigkeiten kann also ein Richter bzw. Staatsanwalt übernehmen; ihn hierzu gegen seinen Willen zu verpflichten, ist dagegen nicht zulässig.*

* Vgl. *Schmidt-Räntsch*, § 42, Rn. 8; OVG NRW, Urteil vom 18.05.2018 – 1 A 1745/16.

Laut einer Entscheidung des Bundesgerichtshofs zählt allerdings die allgemeine Referendarausbildung am Arbeitsplatz zu den Nebentätigkeiten in der Gerichtsverwaltung im Sinne des § 42 *DRiG*, zu der ein Richter also verpflichtet werden kann.*

» Fast ausschließlich nebenberufliche Arbeitsgemeinschaftsleiter

In fast allen Bundesländern sind die Juristen **nebenberufliche Leiter der Arbeitsgemeinschaften**.** Das bedeutet konkret, dass Richter und Staatsanwälte die AG neben ihrer Dezernatsarbeit bzw. Rechtsanwälte die AG neben ihrer Kanzleiarbeit vorbereiten und halten. Inzwischen werden den AG-Leitern in einigen Ländern **zumindest Unterrichtsmaterialien** zur Verfügung gestellt, sodass hierdurch wenigstens ein Teil der Vorbereitungszeit entfällt. Wenn aber jede Stunde, die man für die Vorbereitung der AG für Referendare investiert, anschließend bei der Bearbeitung der Akten im Dezernat fehlt, erklärt auch dies, warum die **Qualität mancher Arbeitsgemeinschaften** überschaubar und in jedem Fall nicht ausreichend ist, um auf das Examen vorzubereiten.

Zusätzliche Vergütung der AG-Leiter

Dass man als nebenberuflicher AG-Leiter eine zusätzliche Vergütung für die Tätigkeiten im Rahmen der Referendarausbildung bekommt, ist bei den Zahlen, die uns aus Mecklenburg-Vorpommern bekannt sind, sicherlich auch kein Anreiz dafür, übermäßig viel Zeit und Energie in diese Aufgaben zu investieren. So erhält ein AG-Leiter folgende Pauschbeträge:

* BGH, Urteil vom 08.05.1989 – RiZ (R) 6/88, NJW 1989, 426, 427.

** Eine Ausnahme stellt Bayern dar: Hier werden die Richter und Staatsanwälte als hauptamtliche Arbeitsgemeinschaftsleiter tätig.

- Unterrichtsstunde (45 Min): 25,00 Euro
- Klausurauswahl je Klausurtermin: 30,68 Euro
- Klausuraufsicht je Tag: 15,34 Euro
- Klausurkorrektur je Klausur: 10,00 Euro

Vor der Bewerbung muss man sich jedenfalls darüber im Klaren sein, dass es **aufgrund der „personellen Ausstattung“** der Arbeitsgemeinschaften mit nebenberuflichen AG-Leitern bei jedem Gericht etwas Licht und wahrscheinlich sehr viel Schatten hinsichtlich der Qualität des AG-Unterrichts geben wird.

» Unabdingbar: Selbständiges Lernen!

Schließlich ist es bei den Arbeitsgemeinschaften bei Gericht genauso wie bei nahezu jeder Vorlesung in der Universität: Mangels Zeit wird **nicht jedes Thema besprochen**, das aber nach der Prüfungsordnung des Landes examensrelevant ist. So sind vor allem die drei Monate der Strafrechtsstation regelmäßig zu kurz, um sowohl das Schreiben einer Anklage als auch die Themen Revision und Strafurteil* in der AG zu vermitteln. Gerade der Inhalt und der Aufbau eines Strafurteils bleiben nahezu immer auf der Strecke, was dazu führt, dass Referendare in dieser Hinsicht **im Examen auf Lücke setzen**, wovon aber dringend abzuraten ist.

Das Ergebnis unserer Ausführungen ist zum einen, dass Du die (vermeintliche) Qualität des Unterrichts an einem Gericht **bei der Auswahl Deines Referendariatorts nicht berücksichtigen** brauchst. Zum anderen musst Du spätestens beim Start in den Vorbereitungsdienst in der Lage

* Soweit diese beiden Themen zum Pflichtstoff im 2. Examen zählen, was aber von Bundesland zu Bundesland verschieden ist.

sein, Dir **den examensrelevanten Stoff** durch selbständiges Lernen erarbeiten zu können. Wenn es für Dich nichts Neues ist, Dich mit einem Lehrbuch an einen Arbeitsplatz zu setzen und dieses durchzuarbeiten, ist das sehr gut. Wenn Du im Rahmen Deines Studiums nicht in Form des Selbststudiums gearbeitet hast, musst Du nun **schleunigst das selbständige Lernen erlernen**! Sich nur über „Vorlesungen" – das heißt also mit AG-Unterricht in Form des Präsenzstudiums – auf das Examen vorzubereiten, ist im Referendariat nicht möglich.

Abschnitt 2

» Tipps & Hinweise für die Pflichtstationen des Referendariats

4 Das Referendariat dauert keine zwei Jahre

Zugegeben: Diese Aussage von uns ist zwar theoretisch falsch, praktisch aber gleich in zweifacher Hinsicht richtig.

» Dauer des Referendariats laut Gesetzgeber

Der Gesetzgeber sieht für den Vorbereitungsdienst ausdrücklich **eine Dauer von exakt zwei Jahren** vor. Dies ergibt sich zum einen aus *§ 5b DRiG*, der die bundesgesetzliche Grundlage für das Referendariat bildet, und zum anderen aus den Justizausbildungsgesetzen der Länder.

> ***§ 5b Abs. 1 DRiG* lautet:**
>
> „Der Vorbereitungsdienst dauert zwei Jahre."
>
> ***§ 35 Abs. 1 JAG NRW** bestätigt diese Vorgabe:**
>
> „Der Vorbereitungsdienst dauert vierundzwanzig Monate."

Grundlage für die Berechnung der Dauer des Referendariats durch den Gesetzgeber sind die **Pflichtstationen im Vorbereitungsdienst****, die zusammengerechnet zwei Jahre (oder 24 Monate) dauern. Die Aufteilung

---

* Entsprechende Normen gibt es auch in den Justizausbildungsvorschriften der übrigen Länder, wie zB in § 48 Abs. 1 S. 1 JAPO Bayern, § 46 Abs. 1 JAPrO Baden-Württemberg, § 14 Abs. 1 JAG Berlin oder § 32 Abs. 1 JAVO Schleswig-Holstein.

** Zivilrechtsstation, Strafrechtsstation, Verwaltungsstation, Anwaltsstation sowie Wahlstation.

der Monate auf die einzelnen Stationen sowie die **Reihenfolge der Stationen** ist von Bundesland zu Bundesland unterschiedlich. In der Summe ergibt sich aber stets die Dauer von zwei Jahren.

» Aber Nr. 1: Man ist mehr als zwei Jahre Referendar

Faktisch dauert das Referendariat länger als die vom Gesetzgeber vorgegebenen zwei Jahre. Denn die **abschließende mündliche Prüfung**, mit deren Bestehen man automatisch aus dem öffentlich-rechtlichen Ausbildungsverhältnis ausscheidet, folgt **nicht am Ende der zeitlich letzten Station**, sondern in vielen Bundesländern erst ca. sechs bis acht Wochen nach der letzten Station.

Dauer des Referendariats am Beispiel NRW:

Wirst Du in Nordrhein-Westfalen beispielsweise zum Mai eines Jahres eingestellt, hast Du Deine mündliche Prüfung im 2. Examen in aller Regel erst im Juni des übernächsten Jahres.

Dass der Vorbereitungsdienst mit dem Bestehen der mündlichen Prüfung endet, ergibt sich aus *§ 31 Abs. 1 JAG NRW*: „Mit der Verkündung der Entscheidung über das Bestehen der Prüfung, das Nichtbestehen der ersten Wiederholungsprüfung oder über den Ausschluss von einer Wiederholungsprüfung enden der Vorbereitungsdienst und das öffentlich-rechtliche Ausbildungsverhältnis."

Auch wenn die gesetzgeberische Vorgabe von zwei Jahren eigentlich eindeutig ist und so auch vom Landesgesetzgeber wiederholt wird, wird man vom Land bis zum Tag der mündlichen Prüfung bezahlt. Faktisch ist man **also 26 Monate Rechtsreferendar**.

» Aber Nr. 2: Klausuren stehen viel früher an

Die Aussage, dass das Referendariat zwei Jahre dauert, ist aber auch in einer anderen Hinsicht irreführend. Denn im 2. Examen geht es vor allem darum, in den so **wichtigen Klausuren** gut abzuschneiden. Das Ergebnis der Klausuren bildet bei sehr vielen (vornotenorientierten) Prüfern die **Grundlage für die Benotung der mündlichen Prüfung**, sodass das schriftliche Examen fundamental wichtig für das Ergebnis des Staatsexamens ist. Die Klausuren stehen aber nicht erst nach 24 Monaten, sondern **bereits viel früher** im Referendariat an:

	Beginn des schriftlichen Examens
Baden-Württemberg	im 21. Monat
Bayern	ab Ende des 20. Monats
Berlin/Brandenburg	im 20. Monat
Bremen/Hamburg/Schleswig-Holstein	im 21. Monat
Hessen	im 21. Monat
Mecklenburg-Vorpommern	im 21. Monat
Niedersachsen	im 20. Monat
Nordrhein-Westfalen	im 21. Monat
Rheinland-Pfalz	im 18. Monat
Saarland	im 18. Monat

Sachsen	im 20. Monat
Sachsen-Anhalt	im 20. Monat
Thüringen	im 20. Monat

Wie sich aus der Tabelle ergibt, müssen die **Referendare in Rheinland-Pfalz und im Saarland** bereits im 18. Monat ins schriftliche Examen; in den anderen Bundesländern beginnen die Klausuren dann zwei bis drei Monate später. Und anders als im Studium, bei dem man es grundsätzlich selbst in der Hand hat zu entscheiden, wann man ins Examen geht, ist der **Zeitpunkt des Examensbeginns** im Referendariat „nicht verhandelbar". Vielmehr kommen die Klausuren im 2. Examen unaufhaltsam auf einen zu.

Du solltest bereits vor dem Start ins Referendariat verinnerlichen, dass das Referendariat also **keine zwei Jahre** dauert, da das schriftliche Examen viel früher beginnt. Dies musst Du bei der gesamten Zeiteinteilung, Stofferarbeitung sowie der **Planung Deiner Examensvorbereitung** berücksichtigen. Konkret bedeutet dies unter anderem, von Anfang an* den Stoff zu erarbeiten und konsequent während der Arbeitsgemeinschaften bei Gericht zu lernen; zudem musst Du **rechtzeitig genug anfangen**, regelmäßig Klausuren zu schreiben.

Keinesfalls darf es Dir passieren, dass **die Zeit „nach hinten raus" zu knapp** wird. Dies ist ein großer Fehler, den Referendare immer wieder

* Auf den Punkt, auf der einen Seite die vielen Möglichkeiten des Referendariats zu genießen, auf der anderen Seite aber nicht zu vergessen, von Anfang an zu lernen, gehen wir aufgrund der Wichtigkeit im nachfolgenden Kapitel etwas detaillierter ein.

machen. So kommt es, dass manche Referendare sich noch sechs Wochen vor dem Examen erstmals theoretisches Wissen erarbeiten, statt bereits in der so wichtigen Wiederholungs- und Vertiefungsphase zu sein. Zum Teil wird dann auch im 2. Examen **hinsichtlich mancher Themen „auf Lücke gelernt“**, was absolut vermeidbar ist, wenn man denn das Referendariat zeitlich besser plant.

5 Genieße die Referendarzeit, aber lerne zugleich vom ersten Tag an

Es mag widersprüchlich klingen, dass wir Dir den Rat geben, das Referendariat einerseits zu **genießen**, Du andererseits jedoch **direkt mit dem Start in das Referendariat mit dem Lernen beginnen** sollst. Diesen Ratschlag solltest Du jedoch unbedingt befolgen. Unserer Erfahrung nach verbauen sich viele Referendare den Erfolg im Referendariat gerade in den ersten Monaten des juristischen Vorbereitungsdienstes, da sie die sich ergebenden Freiheiten zu sehr genießen und das Lernen aufschieben. Im Verlauf des Referendariats und mit dem nahenden Examen wird die Zeit dann jedoch zum Ende hin zu knapp und **für die Aufarbeitung größerer Lücken** bleibt wenig oder gar keine Zeit mehr. Das Examen fällt dann in der Regel schlechter aus als es müsste.

» Arbeitsbelastung im Referendariat

Im Referendariat hängt es neben Deinem Vorwissen und Deiner eigenen Auffassungsgabe auch stark vom Ausbilder und dem AG-Leiter in der jeweiligen Station ab, wie intensiv die **Arbeitsbelastung** für Dich ausfällt.

Der Start ins Referendariat kann anstrengend sein

Der Einstieg in das Referendariat erfolgt meist von 0 auf 100 und kann Dich daher anfangs überfordern. Trotzdem musst Du zusehen, direkt ab der ersten Stunde mit dem Stoff am Ball zu bleiben und diesen stets nachzuarbeiten.

Es ist nicht schlimm, wenn Dir gelegentlich die **Motivation** fehlt. Tiefpunkte und Unlust sind völlig normal. Solche Phasen sind Dir vielleicht sogar aus der Vorbereitung auf das 1. Examen noch bekannt. Was Dir aber einfach **nicht passieren** darf, ist dass Du den Faden einmal komplett verlierst und irgendwann (gedanklich) vielleicht aussteigst, weil Du nicht siehst, wie Du jetzt überhaupt noch einen erneuten Einstieg in die Materie schaffen sollst.

Konsequentes Mitarbeiten in den Stationen

Vor diesem Hintergrund muss das Ziel daher sein, die behandelten Themen immer in der jeweiligen Station zu bearbeiten, um sie zumindest einmal in der jeweiligen Station auch verinnerlicht zu haben.

» Belastungsfaktor Examen

Mindestens genauso wichtig wie das konsequente Mitarbeiten in den Stationen ist es, sich bewusst **Auszeiten** zu schaffen. Die juristische Ausbildung stellt eine **enorme Belastung** für den Körper dar. Die Länge der Ausbildungsdauer und das Streben nach ordentlichen Noten zehren an den eigenen Kräften, was sich bei manchen Jurastudenten und Referendaren nicht nur psychisch, sondern auch physisch äußert und im schlimmsten Fall dazu führen kann, dass der eigene Körper irgendwann streikt.

Klausurenkurs-Frust – und dabei stets das nahende Examen wie ein Damoklesschwert über Dir – können dazu führen, dass Du Dich einigelst und noch intensiver mit Jura beschäftigst, **ohne am Ende einen Nutzen daraus** zu ziehen. Du lernst und lernst, aber die Anstrengung scheint sich gemessen am Aufwand nicht auszuzahlen. Es ist daher extrem wichtig, Warnsignale nicht nur frühzeitig zu erkennen, sondern diese im Idealfall gar nicht erst aufkommen zu lassen, indem Du Dir bewusst machst, dass

Du Dich natürlich in einem wichtigen Abschnitt für Dein künftiges Berufsleben befindest, den Du auch erfolgreich meistern willst. Dennoch dreht sich das Leben nicht nur um Jura und dem **Privatleben** sollte mindestens genauso ein hoher Stellenwert beigemessen werden. Etwas überspitzt dargestellt, bringt Dir das tollste Examenszeugnis nichts, wenn es am Ende niemanden gibt, mit dem Du diese Freude teilen kannst. Also schaffe Dir bewusste **jurafreie Auszeiten** und vergiss nicht, das Leben auch außerhalb des Referendariats zu leben.

» Soziale Kontaktpflege und Hobbies

Es liegt somit an dir, für einen Ausgleich zu sorgen und Deinen Partner, Freunde und Familie nicht zu vernachlässigen. Ein **strukturierter (Lern-)Ablauf** hilft enorm dabei, eine Routine zu entwickeln und sich bewusst Auszeiten außerhalb des Referendariats einzuplanen. Auch den Dir zustehenden Anspruch auf Erholungsurlaub solltest Du daher unbedingt in den Stationen nutzen. Ohne Erholungsphasen und Zeit für andere Dinge kann es passieren, dass sich nicht nur Dein Körper, sondern auch Dein Umfeld irgendwann von Dir verabschiedet. **Soziale Kontakte** sind wichtig und bieten die Unterstützung, die Jedermann im Leben braucht – also pflege sie auch entsprechend. Insbesondere sich mit Freunden zu treffen, die mit Jura überhaupt nichts am Hut haben und **fachfremden Hobbies** nachzugehen, hilft zudem enorm dabei, auch einmal von der juristischen Materie abschalten zu können und neue Kraft zu tanken.

» Genieße die abwechslungsreiche Zeit des Referendariats

Nicht zuletzt solltest Du das Referendariat auch **wegen der Referendarzeit an sich** genießen. Die Möglichkeiten, die Dir der juristische Vorbereitungsdienst bietet, werden so wahrscheinlich nie wiederkommen.

Neben der freien Zeiteinteilung und der Möglichkeit sich einige **Ausbildungsstellen selbst suchen** zu können, ermöglicht Dir der juristische Vorbereitungsdienst auch viele weitere tolle Erlebnisse, wie beispielsweise eine **AG-Fahrt**, als die wahrscheinlich letzte „Klassenfahrt“ in Deinem Leben.

Tipp: Reisebüros für Referendarfahrten

Eine AG-Fahrt wird in der Regel am Ende der 1. Pflichtstation unternommen und hierfür Sonderurlaub gewährt.* Sie kann ins Inland oder Ausland führen. Die Fahrt kann dabei eigenständig von euch organisiert werden oder ihr greift auf einen (auch) auf Referendarfahrten spezialisierten Reiseveranstalter wie zum Beispiel „Moveo Studienreisen“ zurück. Die Kontaktdaten lauten:

moveo-studienreisen GmbH
Thomas-Mann-Str. 1
53111 Bonn
Tel.: 0228-9657850
E-Mail: info@moveo.de
Webseite: https://www.moveo.de/

Beliebte Ziele für die AG-Fahrt sind Prag, Budapest oder Wien. Sprecht am besten direkt mit Beginn des Referendariats in eurer AG darüber, wie und wohin und ihr eine derartige Fahrt unternehmen wollt.

Nutze also diese spannende Zeit auch um des Referendariats Willen und nimm die vielen sich Dir bietenden Möglichkeiten wahr.

* Bei einer eigenständig organisierten AG-Fahrt solltet ihr zunächst in Erfahrung bringen, in welcher Art und in welchem zeitlichen Umfang das juristisches Rahmenprogramm stattfinden muss, damit der Sonderurlaub genehmigt wird.

6 Nutze für die Übungsklausuren die Vorauflagen der Kommentare

Bereits kurz nach dem Start in das Referendariat stehen auch schon **die ersten Klausuren in der Arbeitsgemeinschaft** an. Auch wenn einige wenige Gerichte den Referendaren hierfür Kommentare bereitstellen, die für die Bearbeitung der Klausur genutzt werden können, empfehlen wir Dir, dass Du Dir für jede Station Deine eigenen Kommentare kaufst. Zum einen musst Du den richtigen **Umgang mit den Kommentaren frühzeitig**, und nicht erst im Examen, **(er)lernen**. Zum anderen ist es deutlich entspannter, wenn Du Deine eigenen Nachschlagewerke für ein effektives Lernen stets griffbereit zur Verfügung hast.

» Kosten und Zeitpunkt für den Kommentarkauf

Die juristischen Kommentare sind umfassend, hilfreich – aber gemessen an der Unterhaltsbeihilfe für einen Referendar alles andere als günstig. In jedem Bundesland sind **mindestens vier Kommentare** für die Klausuren im 2. Examen zugelassen, sodass die Anschaffung mehrerer Kommentare sehr schnell ganz schön auf den Referendars-Geldbeutel drücken kann.

Eine erhebliche Summe kannst Du sparen, wenn Du für die Übungsklausuren auf **Vorauflagen der Kommentare** zurückgreifst. Diese kosten in der Regel weniger als die Hälfte der aktuellen Auflage und sind völlig ausreichend, da zum Beispiel den Übungsklausuren bei Gericht keine brandaktuellen Fälle zugrunde liegen. Die Vorauflagen der in Deinem Bundesland im 2. Examen zugelassenen Kommentare solltest Du Dir in zeitlicher Hinsicht spätestens zu Beginn der jeweiligen Station besorgen, in der mit den Kommentaren gearbeitet wird.

Vorauflagen kannst Du beispielsweise über den **örtlichen Buchhandel** beziehen. Vielleicht kennst Du aber auch im Bekanntenkreis **ehemalige Referendare**, die vor kurzem mit dem 2. Examen fertig geworden sind oder kurz vor dem Abschluss stehen und ihre alten Auflagen sowieso (günstig) abgeben wollen. An einigen Gerichten findet zudem ca. einmal im Jahr ein **Ausverkauf alter Bücher aus der Gerichtsbibliothek** statt. Auch hier lohnt es sich, die Augen offen zu halten.

Natürlich kannst Du Dir die Vorauflagen der benötigten Kommentare am einfachsten bequem und günstig **über das Internet** bestellen. Anlaufstellen sind hierbei der Juristenkoffer.de-Shop oder der Referendarbuchladen:

https://www.juristenkoffer.de/shop

https://www.referendarbuchladen.de/gebraucht

Aber Achtung – nicht am falschen Ende sparen:

Für die Examensklausuren benötigst Du unbedingt die aktuellsten Auflagen der Kommentare. Diese kannst Du Dir einfach und günstig über www.juristenkoffer.de mieten.*

» Zugelassene Kommentare in den einzelnen Bundesländern

Selbstverständlich brauchst Du Dir nur die Kommentare in Vorauflage anzuschaffen, die in dem Bundesland, in dem Du Dein 2. Examen ablegst,

* Alle Infos zur Miete Deines Juristenkoffers haben wir Dir in Kapitel 8 (S. 49 ff.) dargestellt.

laut Hilfsmittelverordnung auch zugelassen sind. In allen Ländern sind für die zivilrechtlichen Klausuren der *Grüneberg* (vormals *Palandt*) sowie der *Thomas/Putzo* und für die strafrechtlichen Klausuren der *Fischer* sowie der *Meyer-Goßner/Schmitt* zugelassen. Welche Kommentare in den Ländern darüber hinaus im schriftlichen Teil der zweiten juristischen Staatsprüfung verwendet werden dürfen, kannst Du der **nachfolgenden Tabelle** entnehmen:

	Weitere zugelassene Kommentare im 2. Staatsexamen
Baden-Württemberg	Kopp/Schenke, Kopp/Ramsauer
Bayern	Hopt, Kopp/Schenke, Kopp/Ramsauer, Jäde/Dirnberger Kroiß/Neurauter (Formularsammlung)
Berlin / Brandenburg	Kopp/Schenke, Kopp/Ramsauer
Bremen / Hamburg / Schleswig-Holstein	Kopp/Schenke, Kopp/Ramsauer
Hessen	Kopp/Schenke
Mecklenburg-Vorpommern	Hopt, Kopp/Schenke, Kopp/Ramsauer
Niedersachsen	---
NRW	Hopt, Kopp/Schenke, Kopp/Ramsauer
Rheinland-Pfalz	Kopp/Schenke, Kopp/Ramsauer

Saarland	Kopp/Schenke, Kopp/Ramsauer, zudem: Anders/Gehle (vormals *Baumbach/Lauterbach*) oder Zöller oder Musielak/Voit
Sachsen	Kopp/Schenke, Kopp/Ramsauer
Sachsen-Anhalt	Kopp/Schenke, Kopp/Ramsauer, Zöller
Thüringen	Kopp/Schenke, Kopp/Ramsauer

Wir empfehlen Dir ausdrücklich, von Beginn an examensnah an das Klausurenschreiben heranzugehen. Übungsklausuren solltest Du daher nur mit den genannten **im Examen zugelassenen Hilfsmitteln** lösen. Kommentare, die in Deinem Bundesland nicht erlaubt sind, solltest Du somit auf keinen Fall benutzen – auch nicht, wenn es sich vorerst nur um Übungsklausuren handelt.

Nutze keine im Examen nicht erlaubten Hilfsmittel

Zudem raten wir ausdrücklich davon ab, Übungsklausuren „zunächst" unter Zuhilfenahme von Skripten, Lehrbüchern oder gar dem Internet zu lösen.

» Nutze die Hinweise und Hilfestellungen in den Kommentaren

Bei der intensiven Auseinandersetzung und der Arbeit mit den Kommentaren wirst Du schnell feststellen, dass sich viele nützliche **Hilfestellungen** für die Klausurbearbeitung **bereits in den Kommentaren** finden lassen und Dir mühsames Auswendiglernen ersparen. So findet sich beispielsweise im *Thomas/Putzo* bei *§ 253 ZPO* eine übersichtliche Darstellung der allgemeinen und besonderen Prozessvoraussetzungen. Ein Formulierungsmuster zur Abwendungsbefugnis findest Du bei *§ 711 ZPO*.

» Weiterverkauf der Vorauflagen nach dem Examen

Wenn das 2. Examen überstanden ist und Du die Vorauflagen **nicht mehr benötigst**, kannst Du versuchen, diese an Referendare, die sich noch in der Ausbildung befinden, zu verkaufen oder – sollte es sich um eine sehr veraltete Auflage handeln – zu verschenken. So kommen im besten Fall noch ein paar Euro zusammen oder Du machst einem anderen Referendar eine Freude. Auf jeden Fall ist es allemal besser, als die Kommentare einfach im Papiercontainer zu entsorgen – auch wenn das überschwängliche Gefühl nach dem bestandenen Examen Dich dazu vielleicht am ehesten verleitet.

Auch **Universitäts- oder Gerichtsbibliotheken** nehmen, je nachdem wie alt die Auflage mittlerweile ist, Kommentare oftmals gerne als Spende entgegen. Und natürlich kannst Du auch gucken, ob Du Deine Kommentare nicht über das Internet, zB über die Ankauffunktion im Referendarbuchladen (https://www.referendarbuchladen.de/ankauf), verkaufen kannst.

7 Verplane frühzeitig Deinen Erholungsurlaub

Selbstverständlich steht auch Rechtsreferendaren ein **jährlicher Urlaubsanspruch** zu. Zwar sind die Anzahl an Urlaubstagen, die man pro Jahr nehmen kann, sowie die konkreten Voraussetzungen für die Genehmigung von Urlaub von Bundesland zu Bundesland sehr unterschiedlich geregelt. In allen Ländern gleich ist aber der Umstand, dass man **in vielerlei Hinsicht darin beschränkt ist**, wann man wieviel Urlaub nehmen darf. Daher sollte man als Referendar zu Beginn des Referendariats (und zu Beginn eines neuen Kalenderjahrs mit einem neuen Urlaubsanspruch) genau überlegen, wann man seinen Urlaub nehmen möchte, und seinen Urlaub **mit Weitsicht** verplanen.

» Vorab: Jeder Referendar hat gleich viele Urlaubstage

Früher wurde in den meisten Bundesländern **der Anspruch auf Erholungsurlaub** hinsichtlich der Anzahl der Tage, die dem Referendar pro Jahr zustehen, **nach dem Alter** gestaffelt. So erhielten beispielsweise Referendare aus NRW vor vollendetem 30. Lebensjahr 26 Arbeitstage Urlaub, vor vollendetem 40. Lebensjahr 29 Arbeitstage Urlaub und nach vollendetem 40. Lebensjahr 30 Arbeitstage Urlaub.*

Eine solche altersmäßige Staffelung ist jedoch nach dem Urteil des Bundesarbeitsgerichts vom 20.03.2012 **wegen Verstoßes gegen das Altersdiskriminierungsverbot** rechtswidrig. Das Bundesarbeitsgericht hat in seiner Entscheidung ausgeführt, dass ein Rechtfertigungsgrund für die

* § 32 Abs. 4 JAG NRW iVm § 73 LBeamtG NRW a.F.

Staffelung des Urlaubsanspruchs nach dem Alter des Arbeitnehmers und damit für die Altersdiskriminierung nicht gegeben sei. Die tarifliche Urlaubsstaffelung verfolge nicht das legitime Ziel, einem gesteigerten Erholungsbedürfnis älterer Menschen Rechnung zu tragen. Es lasse sich **kein gesteigertes Erholungsbedürfnis** von Beschäftigten bereits ab dem 30. beziehungsweise 40. Lebensjahr begründen.

Die Landesgesetzgeber haben **auf diese Entscheidung reagiert** und neue Regelungen zum Erholungsurlaub erlassen. Nach diesen Vorschriften stehen jedem Beamten, Angestellten oder Referendar des jeweiligen Landes unabhängig vom Alter **gleich viele Tage Erholungsurlaub** zu.

» In vielen Zeiträumen herrscht Urlaubssperre

Für die **sinnvolle Verplanung des Erholungsurlaubs** muss jedem Referendar bewusst sein, dass in vielen Zeiträumen des juristischen Vorbereitungsdienstes eine **Urlaubssperre** besteht, in denen der Antrag auf Gewährung von Urlaub abgelehnt werden würde.* Sinn dieser Urlaubssperren ist es, das Ziel des juristischen Vorbereitungsdienstes nicht durch Fehlzeiten des Referendars zu gefährden.

- So beginnen **alle Stationen mit Einführungslehrgängen**, in denen den Referendaren das Rüstzeug für die praktische Stationsarbeit vermittelt wird. Während dieser Einführungslehrgänge ist die Genehmigung von Erholungsurlaub regelmäßig ausgeschlossen.
- In NRW besteht darüber hinaus **in den ersten drei Monaten des Rechtsreferendariats** Urlaubssperre.** Dies müssen vor allem die

* Die Einschränkungen hinsichtlich der Gewährung von Urlaub variieren von Bundesland zu Bundesland. Um die Ausführungen übersichtlich zu halten, stellen wir im Folgenden exemplarisch nur die Regelungen für das Land NRW dar.

** Dies ergibt sich aus § 17 Abs. 2 FrUrlV NRW.

Referendare berücksichtigen, **die im 1. Examen einen Verbesserungsversuch** unternommen haben und deren mündliche Prüfung in das schon begonnene Referendariat fällt. Aufgrund der Urlaubssperre in den ersten drei Monaten muss man dann für die mündliche Prüfung **Sonderurlaub beantragen** und kann keinen Erholungsurlaub dafür verwenden, um sich eine oder zwei Wochen intensiv auf die Prüfung vorzubereiten.

- Selbstverständlich besteht schließlich eine Urlaubssperre **für die Zeit der schriftlichen Klausuren** im 2. Examen.

Nach *§ 32 Abs. 5 JAG NRW* ist darüber hinaus der Erholungsurlaub so zu nehmen, dass auf den ersten Ausbildungsabschnitt (Zivilrechtsstation) **höchstens 15 Urlaubstage** entfallen, ansonsten auf dreimonatige Ausbildungsabschnitte höchstens zehn Urlaubstage, auf mindestens viermonatige Ausbildungsabschnitte höchstens 15 Urlaubstage und auf mindestens sechsmonatige Ausbildungsabschnitte höchstens 20 Urlaubstage entfallen.

Schließlich besteht eine Einschränkung dahingehend, dass aufgrund der Regelung in *§ 19 Abs. 1 FrUrlV NRW*, wonach der Erholungsurlaub (nur dann) geteilt werden kann, soweit dadurch der Urlaubszweck nicht gefährdet wird, Erholungsurlaub **nur für die Dauer von mindestens einer Woche** gewährt wird; der Antrag auf Urlaub für einzelne Tage wird in aller Regel also abgelehnt.

» Keinen Urlaub während der Klausurwochen bei Gericht

Etwas überraschend ist es, dass **keine Urlaubssperre** für Zeiträume besteht, in denen bei Gericht Übungsklausuren oder ganze Klausurwochen geschrieben werden. Es ist daher zumindest theoretisch möglich, in einer dieser Wochen Urlaub zu nehmen. Wir raten selbstverständlich **dringend davon ab**, Urlaub zu nehmen und dadurch Übungsklausuren bei

Gericht zu verpassen. Im 2. Examen kommt es maßgeblich darauf an, **gut und erfolgreich Klausuren schreiben zu können**. Daher ist es enorm wichtig, jede der bei Gericht angebotenen Klausuren mitzuschreiben; dies

gilt insbesondere deshalb, weil die Übungsklausuren bei Gericht – anders als die zusätzlichen Klausuren eines kommerziellen Anbieters – in einem Termin ausführlich besprochen werden und so ggf. **Nachfragen zur eigenen Lösung möglich** sind. Wer seinen Erholungsurlaub einer Übungsklausur bei Gericht vorzieht, hat ganz offensichtlich im Hinblick auf das Referendariat und das Assessorexamen die **Prioritäten falsch gesetzt**.

» Tipp: Verschwende keinen Urlaub „zwischen den Jahren"

Kein Referendar möchte zwingend **die Zeit zwischen Weihnachten und Silvester** am Referendarort verbringen müssen. Dementsprechend stellt sich für alle Referendare stets die Frage, ob man nicht für diese Woche „zwischen den Jahren" Urlaub nehmen sollte. Grundsätzlich ist das natürlich nachvollziehbar; man sollte aber auch **keine Urlaubstage verschwenden**.

Wenn Du nicht gerade im Dezember des Jahres **in einer Station mit täglicher Anwesenheitspflicht** bist, solltest Du folgendermaßen vorgehen: Die meisten Juristen haben – genauso wie auch die Referendare – keine Lust, zwischen Weihnachten und Silvester Akten zu bearbeiten, sondern nutzen die Brückentage zur Erholung. Versuche also zunächst in einem lockeren Gespräch herauszufinden, **ob Dein Ausbilder in dieser Woche „zwischen den Jahren" überhaupt im Büro ist**. Ist er das nicht, ist es auch höchstwahrscheinlich, dass Du in diesen Tagen auch nicht für das Abholen, Besprechen oder Abgeben von Akten dort erscheinen musst. Dann kannst Du Dir es sparen, für diesen Zeitraum selbst Urlaub nehmen zu müssen. Ist Dein Ausbilder ein Arbeitstier und anwesend, versuche mit ihm zu vereinbaren, dass in die **Zeit zwischen den Feiertagen kein Besprechungstermin** gelegt wird. In der Regel werden Ausbilder hier mit Verständnis reagieren. Nur für den Fall, dass mit keinem Verständnis diesbezüglich seitens des Ausbilders zu rechnen ist oder Du gerade eine Station mit Anwesenheitspflicht absolvierst, **reiche rechtzeitig Urlaub für die entsprechenden Tage ein**.

» „Tauchen“ vor dem Examen berücksichtigen

Unmittelbar vor dem Beginn des schriftlichen Examens ist eine gewisse Zeit für die **intensive Vorbereitung auf die Klausuren** einzuplanen. Da die Klausuren in aller Regel am Ende der Anwaltsstation geschrieben werden, muss man bereits in den ersten Gesprächen mit einer möglichen Ausbildungskanzlei **das Thema „Tauchen“ offensiv ansprechen** – auch wenn dies eine gewisse Überwindung kostet.

Was versteht man unter „Tauchen“?

Unter den Referendaren ist es gang und gäbe, sich die letzten Monate vor dem schriftlichen Examen ausschließlich auf die anstehenden Klausuren vorzubereiten und keine Akten mehr für den Stationsausbilder zu bearbeiten, ohne für diese Zeit offiziell Urlaub zu nehmen. Dies wird unter Referendaren als „Tauchen“ bezeichnet. Üblich ist es, ca. drei Monate am Ende der Anwaltsstation zu „tauchen“.

Dass das „Tauchen“ nicht in der Juristenausbildungsordnung vorgesehen ist, dürfte jedem bewusst sein. Trotz alledem haben viele Ausbildungskanzleien durchaus Verständnis dafür, dass man als Referendar eine intensive Vorbereitungszeit auf das 2. Examen benötigt. Daher hat es überrascht, dass die Referendarabteilung des Kammergerichts Berlin zunächst ankündigte, gegen das „Tauchen“ vorgehen zu wollen, indem es die Ausbildungsberichte aus den Anwaltsstationen im Hinblick auf das „Tauchen“ genauer kontrolliert und ggf. die Unterhaltsbeihilfen kürzt.* Inzwischen wurde jedoch seitens des KG eingesehen, dass das Bedürfnis der Referendarinnen und Referendare nach einer intensiven Vorbereitungszeit vor den Klausuren immens hoch ist. Geplant ist nun, den Ausbildungsplan anzupassen und so den Referendaren entgegenzukommen: „Wird die Rechtsanwaltsstation bei einer einzigen Ausbildungsstelle abgeleistet, können im Einvernehmen zwischen der Ausbilderin bzw. dem Ausbilder und der Rechtsreferendarin bzw. dem Rechtsreferendar die in der praktischen Ausbildung zu erbringenden Leistungen auf die ersten sechs Monate der Station konzentriert werden, um der Rechtsreferendarin bzw. dem Rechtsreferendar mehr Freiräume für die Selbstvorbereitung auf die schriftliche Prüfung einzuräumen. Eine eigenmächtige Verkürzung des Zuweisungszeitraums durch vollständige Freistellung der Rechtsreferendarin bzw. dem Rechtsreferendar ist hingegen nicht gestattet."**

Nur für den Fall, dass das „Tauchen" vor den Examensklausuren beim jeweiligen Rechtsanwalt **auf kein Verständnis stößt**, man aber aus anderen Gründen dringend als Referendar in dieser Kanzlei arbeiten möchte, muss man **ausreichend Urlaubstage ansparen**, um zumindest durch ein geschicktes Legen seines Jahresurlaubs einige Woche freizuhaben und diese für die Vorbereitung auf das Examen nutzen zu können.

Gegebenenfalls muss man sich in diesem Zusammenhang in den **einschlägigen Vorschriften darüber informieren**, ob und unter welchen Voraussetzungen man noch nicht genutzte Urlaubstage aus dem Vorjahr in das nächste Jahr übernehmen darf.

---

* *Eyser*, Kammerton Ausgabe 06.16, S. 4 f. – abrufbar auf https://www.rak-berlin.de/kammerton/.

** Vgl. *Hofmann*, Kammerton Ausgabe 11.20, S. 5 ff. – abrufbar auf https://www.rak-berlin.de/kammerton/.

» Frühzeitige Planung erforderlich

Berücksichtigt man **die vielen Regelungen** zu den bestehenden Urlaubssperren sowie die Zweckmäßigkeitserwägungen, wann es sinnvoll bzw. unsinnig ist, Urlaub zu nehmen, wird deutlich, dass man seinen Jahresurlaub **frühzeitig und mit Weitblick** verplanen sollte. Hat man bei der Planung einen Fehler gemacht und noch Urlaubstage übrig, obwohl das Rechtsreferendariat bereits beendet ist, ist dies ärgerlich, da die nicht genommenen Urlaubstage verfallen und dem Referendar in der Regel **kein Abgeltungsanspruch** zustehen wird.

Zwar hat der Europäische Gerichtshof in einer bemerkenswerten Entscheidung festgestellt, dass ein Rechtsreferendar **nicht zwangsläufig den Anspruch auf Vergütung der Resturlaubstage verliert**, wenn dieser keinen Urlausantrag gestellt hatte.* Der Abgeltungsanspruch entfalle nur dann, wenn der Arbeitgeber den Arbeitnehmer umfassend **über die Folgen des Nichtnehmens des Urlaubs informiert** hat. Zur Begründung verwies der EuGH in seiner Entscheidung auf die schwächere Position des Beschäftigten: Der Arbeitnehmer könne abgeschreckt sein, seine Rechte – wie zum Beispiel den Urlaubsanspruch – gegenüber seinem Arbeitgeber wirklich geltend zu machen. Dementsprechend sei es sachgerecht, dem Arbeitgeber die Informationspflichten aufzuerlegen; und **den**

* EuGH, Urteil vom 06.11.2018 – C 619/16. Der Europäische Gerichtshof entschied die Rechtsfrage damit abweichend von den Verwaltungsgerichten Trier (Urteil vom 10.05.2011 – K 1550/10.TR) sowie Berlin (Urteil vom 03.05.2013 – 5 K 158.11), die einen Abgeltungsanspruch des Referendars bereits deshalb ablehnten, da Art. 7 Abs. 2 der Richtlinie 2003/88/EG über seinen Wortlaut hinausgehend voraussetze, dass der Arbeitnehmer einen Antrag auf Gewährung des Urlaubs gestellt haben müsse und er aus von seinem Willen unabhängigen Gründen nicht in der Lage gewesen ist, seinen Jahresurlaub vor dem Ende des Arbeitsverhältnisses zu nehmen. Daran mangele es, da ein Referendar wisse, dass er mit Bestehen des Examens aus dem Vorbereitungsdienst ausscheidet.

Arbeitgeber treffe auch die Beweislast, dass er seinen Arbeitnehmer ausreichend informiert hat.

Praktische Auswirkungen zugunsten der Rechtsreferendare, die eine Vergütung ihrer nicht genommenen Resturlaubstage fordern, dürfte die Entscheidung aber nicht haben. Denn die Länder (bzw. Referendarabteilungen) werden **das Urteil insofern umsetzen**, dass sie zukünftig Referendare doppelt und dreifach über bestehende Resturlaubstage informieren und zum Nehmen von Urlaub auffordern werden. Ein Abgeltungsanspruch der Referendare ist **dann ausgeschlossen**.

8 Miete Dir frühzeitig die aktuellsten Kommentare für das Examen

Als wir vor Jahren unser 2. Staatsexamen schrieben, war es noch relativ schwierig, **kostengünstig an die im Examen zugelassenen Kommentare** in aktuellster Auflage zu kommen. In NRW gab es nur einzelne Buchhandlungen, die lokal einen Verleihservice anboten; an unserem Landgerichtsort Detmold gab es gar keine Möglichkeit, sich die Kommentare zu mieten.

Nach dem Examen hatten wir daher die Idee, via Internet ein **bundesweites Mietangebot** zu schaffen und Referendaren kostengünstig und unkompliziert die Kommentare für das schriftliche Examen zur Verfügung zu stellen. Wir waren **deutschlandweit der erste Anbieter** von Mietkommentaren; inzwischen gibt es weitere Anbieter mit einem vergleichbaren Angebot.

» Gehe mit den aktuellsten Auflagen ins Examen

Nicht alle, aber viele Klausuren im 2. Examen sind **aktuellen Entscheidungen nachgebildet**. Da die Justizprüfungsämter etwas Zeit zum Entwickeln der Klausuren benötigen, liegen „aktuellen" Klausuren Urteile oder Beschlüsse zugrunde, die ca. **ein bis eineinhalb Jahre alt** sind. Um die bestmöglichen Chancen im 2. Examen zu haben, sollte man in jedem Fall die **aktuellsten Auflagen der Kommentare** nutzen.

Diese Empfehlung sprechen wir nicht einfach nur so aus. In unserem eigenen Klausurdurchgang lag einer zwangsvollstreckungsrechtlichen Klausur eine Entscheidung des BGH zugrunde. In dieser Entscheidung hatte der BGH einen Wechsel vollzogen: In einer bestimmten Konstellation hielt das Gericht nunmehr **statt einer Erinnerung eine Vollstreckungsgegenklage** für das statthafte Rechtsmittel. Diese Entscheidung war nur in der Kommentierung der neuesten Auflage des *Thomas/Putzo* bereits berücksichtigt. Dies führte dazu, dass alle Referendare, die **diesen aktuellen Kommentar** verwendeten, eine Vollstreckungsgegenklage prüften, während alle anderen Referendare, die aus Kostengründen mit einer Vorauflage des ZPO-Kommentars in die Klausur gingen, eine Erinnerung prüften. **Nach Bekanntgabe der Klausurergebnisse zeigte** sich, dass alle (!) Referendare aus unserer AG, die eine Erinnerung statt einer Vollstreckungsgegenklage prüften, in dieser Zivilrechtsklausur **3 Punkte oder weniger** erhielten. Aus eigener Erfahrung wissen wir, dass man nicht am falschen Ende sparen sollte.

» Teure Kommentare mit jährlicher „Preissteigerungsgarantie"

Wie jeder weiß, sind die **im Examen zugelassenen Kommentare sehr teuer**. So muss man beispielsweise für die sieben in NRW zugelassenen Kommentare inzwischen 631 Euro ausgeben. Dabei erscheinen die Kommentare **jedes Jahr in Neuauflage**, sodass sich ein Kauf der Bücher nur für das 2. Examen nicht lohnt. Zudem ist eine stetige Preissteigerung garantiert, wie ein **Vergleich der Anschaffungskosten** in unserem ersten Jahr von Juristenkoffer.de mit den aktuellen Preisen der Bücher zeigt:

	Preis im Jahr 2006	**Preis im Jahr 2022**
Grüneberg (vorm. *Palandt*)	100 Euro	119 Euro
Thomas/Putzo	52 Euro	65 Euro

Fischer	68 Euro	99 Euro
Meyer-Goßner/Schmitt	70 Euro	99 Euro
Kopp/Schenke	62 Euro	67 Euro
Kopp/Ramsauer	56 Euro	67 Euro
Hopt	78 Euro	115 Euro

Auf unserer Seite https://www.juristenkoffer.de bieten wir daher die Möglichkeit, die Kommentare **kostengünstig zu mieten statt sie zu kaufen**.

Wir sind dabei der einzige Anbieter, der standardmäßig eine **verlängerte Mietzeit** anbietet. Grund für unser zeitlich erweitertes Angebot sind die immer länger und unkalkulierbarer werdenden Paketlaufzeiten. Durch die verlängerte Mietzeit erhältst Du Deine Kommentare nicht erst kurz vor dem Beginn Deiner Klausuren (Du musst also nicht hoffen und bangen, ob Dir Dein Paket noch rechtzeitig zugestellt wird), sondern **bereits vier Wochen vor dem schriftlichen Examen**. Der Mietpreis beträgt in der Regel 139 Euro; für Gruppen ab sieben Bestellern gewähren wir einen Rabatt in Höhe von 10 Euro pro Person. Alle weiteren Infos findest Du auf unserer Seite.

» Wichtig: frühzeitig buchen!

Vor kurzem erreichte uns folgende E-Mail einer offensichtlich **verzweifelten Referendarin**:

> „Liebes Juristenkoffer.de-Team,
>
> ich habe erst heute Morgen in der AG erfahren, dass meine Referendarkollegen bereits vor einigen Wochen und Monaten bei euch einen

Juristenkoffer für Dezember reserviert haben. Nach meiner Bestellung habt ihr mir nun eine Ablehnung gemailt, was der absolute Schock für mich war.

Ich wusste nicht, dass man sich so frühzeitig um die Kommentare kümmern muss. Nun stehen in wenigen Wochen die Klausuren an und ich weiß einfach nicht, wo ich die Bücher sonst herbekommen soll. Ich kann es mir finanziell einfach nicht leisten, die Kommentare neu zu kaufen.

Können wir da nicht irgendeine Lösung für mich finden? Möglicherweise könnt ihr ja kurzfristig euer Kontingent erweitern?

Viele Grüße, Miriam“

Damit Du nicht in dieselbe Situation kommst, solltest Du Dir **sehr frühzeitig** Deinen Juristenkoffer sichern. Wir empfehlen grundsätzlich, sich die Kommentare **mindestens sechs Monate vor dem Examenstermin** zu sichern. Es gibt aber auch Klausurmonate, in denen so viele Referendare in verschiedenen Bundesländern das 2. Examen schreiben, sodass auch diese Vorlaufzeit nicht ausreicht und alle **Juristenkoffer bereits ca. zwei Jahre im Voraus** vergeben sind.*

Tipp: Gib Deine Bestellung direkt nach Kenntnis Deines Einstellungstermins auf

Sobald Du Deinen Einstellungstermin kennst und weißt, wann Du ins Referendariat startest, kannst Du Dir auf www.juristenkoffer.de Deine Examenskommentare bestellen. Der Examenstermin lässt sich anhand des Einstellungsmonats ohne Probleme ermitteln. Solltest Du Dir unsicher sein, wann für Dich die Klausuren im 2. Examen anstehen, kannst Du einfach unseren „Examenstermin-Rechner“ nutzen, den wir

* Zu diesen Klausurmonaten mit extrem hoher Nachfrage zählen insbesondere die Monate Juni und Dezember eines Jahres.

> auf unserer Seite allen Referendaren zur Verfügung stellen. Der Rechner ist auf der Seite des Bestellformulars über einen Link aufrufbar.

Eine frühzeitige Bestellung hat auch **keine finanziellen Nachteile** für Dich. Die Rechnung für Deinen Juristenkoffer erhältst Du stets erst ca. sechs Wochen vor Beginn der Klausuren. Du musst also den Juristenkoffer **nicht früher bezahlen**, auch wenn Du Deine Bestellung frühzeitig aufgibst.

Der **verzweifelten Referendarin** haben wir letztlich noch helfen können. Nachdem ein Kollege krankheitsbedingt von seiner Bestellung zurückgetreten war, konnten wir ihr den Juristenkoffer für das Examen zur Verfügung stellen.

9 Mache eine Steuererklärung

Für die meisten Referendare dürfte die Unterhaltsbeihilfe das **erste regelmäßige „Gehalt“** sein, das sie in ihrem Berufsleben beziehen. Rechtsreferendare stehen daher in der Regel das erste Mal vor der Frage, ob sie eine **Steuererklärung** machen und beim Finanzamt einreichen sollten.

» Lohnsteuerpflichtigkeit der Unterhaltsbeihilfe

Die Unterhaltsbeihilfe für Rechtsreferendare fällt zwar nicht allzu hoch aus. Dennoch übersteigt diese auf das Jahr gesehen – anders als regelmäßig der Lohn von studentischen Nebenjobs – den **steuerlichen Grundfreibetrag** in Höhe von aktuell 9.984 Euro, sodass auf die darüberhinausgehende Beihilfe Lohnsteuer zu zahlen ist.

Ergänzender Hinweis

Der Grundfreibetrag in Höhe von 9.984 Euro gilt dabei für alle (Gering-)Verdiener, die steuerlich allein veranlagt werden. Bei Paaren, die verheiratet sind und gemeinsam veranlagt werden, gilt der doppelte Grundfreibetrag. Ein Ehepaar erhält somit einen Steuerfreibetrag in Höhe von 19.968 Euro.

Und gerade weil die Unterhaltsbeihilfe so eben zum Leben reicht, sollte man tunlichst **kein Geld verschenken**. Unsere Empfehlung lautet daher auf jeden Fall eine Steuererklärung zu machen.

» Keine Pflicht zur Abgabe einer Steuererklärung

Klarstellend sei darauf hingewiesen, dass trotz der Lohnsteuerpflichtigkeit des Einkommens der Referendare **grundsätzlich keine Pflicht zur Abgabe einer Steuererklärung** besteht. Vielmehr ist man nur dann zur Abgabe einer Erklärung verpflichtet, wenn das Gesetz dies bestimmt.

Die wichtigsten Fälle des hier entscheidenden *§ 46 EStG* sind:

- Die steuerpflichtigen Nebeneinkünfte liegen über 410 Euro,
- es wurde ein Freibetrag eingetragen,
- es wurde Arbeitslosengeld, Krankengeld oder Kurzarbeitergeld etc. über 410 Euro bezogen,
- es bestanden parallel mit mehreren Arbeitgebern Arbeitsverhältnisse,
- es liegen Kapitalerträge vor, bei denen keine Abgeltungsteuer erhoben werden konnte,
- nicht verheiratete oder geschiedene Eltern wollen bestimmte Freibeträge für ein Kind übertragen oder
- ein Ehepartner hatte das ganze Jahr oder zeitweise die Steuerklasse 5 oder 6.

» Einzuhaltende Fristen

Wenn man nicht zur Abgabe einer Einkommensteuererklärung verpflichtet ist, hat man **vier Jahre Zeit**, sich zu viel gezahlte Lohnsteuer vom Finanzamt zurückzuholen. Geht die freiwillige Steuererklärung nicht innerhalb von vier Jahren nach Ablauf des Steuerjahrs beim Finanzamt ein, tritt gemäß *§ 169 Abs. 2 Nr. 2 AO* die **Festsetzungsverjährung** ein und das Finanzamt bearbeitet die Steuererklärung nicht mehr. Gegebenenfalls kannst Du also auch noch **rückwirkend** Steuererklärungen für den Zeitraum des Referendariats beim Finanzamt einreichen.

» Mögliche absetzbare Kosten

Die Abgabe einer Steuererklärung, um zumindest einen Teil der gezahlten Lohnsteuer in Jahr zurück zu erhalten, lohnt sich bei Juristen auch gerade deshalb, weil während der Ausbildung **viele absetzbare Kosten** anfallen, die sich auf einen nicht zu unterschätzenden Betrag summieren können. **Beispiele für absetzbare Kosten** eines Referendars sind:

(1) Kosten für Ausbildungsliteratur

Juristische Bücher sind teuer. Neben Lehrbüchern muss man sich als Referendar für die Übungsklausuren bei Gericht auch die Vorauflagen der Kommentare anschaffen, die zwar deutlich günstiger als die aktuellen Auflagen sind, aber dennoch noch viel Geld kosten. **Sämtliche Ausgaben für diese Fachliteratur** sind steuerlich absetzbar. Dies gilt selbstverständlich auch dann, wenn man sich für das schriftliche Examen die aktuellen Kommentare nicht kauft, sondern einen **Juristenkoffer** mietet; der Mietpreis für die Bücher kann ebenfalls steuerlich geltend gemacht werden.

(2) Kosten für einen möglichen Umzug

Die meisten Referendare werden den Vorbereitungsdienst nicht dort absolvieren, wo sie studiert haben, sondern ziehen für das Referendariat um. **Beruflich bedingte Umzugskosten** sind aber steuerlich absetzbar!

Als absetzbare Kosten kommen in Betracht:

- 30 Cent pro Kilometer für Fahrten zu Wohnungsbesichtigungen, zzgl. max. 28 Euro pro Tag als Verpflegungspauschale sowie ggf. entstehender Übernachtungskosten,

- Maklergebühren[*]

- doppelte Mietzahlungen für bis zu sechs Monate, falls Du Deine alte Wohnung nicht sofort kündigen konntest,

- maximal drei Monatsmieten für die neue Wohnung, die noch nicht genutzt werden kann,

- Kosten für den Transport des Hausrats und

- Kosten für einen Kochherd bis zu 230 Euro sowie für Öfen bis zu 164 Euro.

Sämtliche genannten Ausgabenpositionen müssen natürlich mit Belegen nachweisbar sein. Darüber hinaus – also zusätzlich – kann man **für sonstige Umzugskosten einen Pauschalbetrag ansetzen**, ohne Einzelnachweise erbringen zu müssen. Die Pauschale beträgt bei Ledigen 886 Euro und bei Verheirateten 1.476 Euro.[**]

(3) Fahrtkosten zu Gericht

In Betracht kommt zudem das Absetzen der **Fahrtkosten zwischen Wohnung und dem Gericht** als Ausbildungsstelle in Form der sogenannten **Entfernungspauschale**. Die Entfernungspauschale beträgt

[*] Hinsichtlich der Maklergebühren gilt das „Bestellerprinzip“: Nur wenn der Referendar den Makler mit der Suche einer passenden Wohnung beauftragt hat, muss dieser die auf maximal zwei Nettokaltmieten zzgl. USt. beschränkte (§ 3 Abs. 2 WoVermG) Maklergebühr zahlen. Hat der Vermieter den Makler beauftragt, darf er die Maklerkosten vertraglich nicht auf den Referendar als Mieter abwälzen (vgl. § 2 Abs. 5 Nr. 2 WoVermG.

[**] Für den Fall, dass Du innerhalb von fünf Jahren bereits Deinen zweiten beruflich veranlassten Umzug hinter Dich gebracht hast, erhöht sich die Umzugspauschale sogar um weitere 50 Prozent.

0,30 Euro pro Kilometer. Dabei ist immer nur der **einfache Weg** anzusetzen.

> **Beispiel für die Berechnung der Entfernungspauschale:**
>
> Fährst Du also beispielsweise 3 x wöchentlich zum Gericht und beträgt die Entfernung zwischen Deiner Wohnung und dem Gericht 8 km, kannst Du 7,20 Euro (= 3 x 8 km x 0,30 Euro) pro Woche absetzen. Auf das Jahr gesehen können so ordentliche Summen zusammenkommen.

(4) Häusliches Arbeitszimmer

Selbst wenn Du viel zu Hause lernen und Akten bearbeiten solltest, dürfte das Absetzen der anteiligen Mietkosten als sogenanntes **„häusliches Arbeitszimmer"** eher nicht in Betracht kommen. Zwar steht Referendaren kein Arbeitsplatz bei Gericht zur Verfügung, sodass das Einrichten eines Arbeitsplatzes zu Hause gerechtfertigt erscheint. Die Finanzverwaltung stellt aber **erhebliche räumliche Anforderungen** an ein häusliches Arbeitszimmer, die Referendare in aller Regel nicht erfüllen dürften. So muss das häusliche Arbeitszimmer ein Raum sein, der ausschließlich oder nahezu ausschließlich zu betrieblichen und/oder beruflichen Zwecken genutzt wird. Hieran dürfte es bereits bei nahezu jedem Referendar mangeln.

» Überschaubarer Aufwand der Steuererklärung

Lass Dich auch vom **vermeintlichen Aufwand einer Steuererklärung** nicht abschrecken. Zum einen kannst Du Dir die von der Finanzverwaltung zur Verfügung gestellte Software ElsterFormular einfach kostenlos herunterladen*. In dem Programm selbst gibt es viele Ausfüllhilfen, die Dir das Erstellen der Steuererklärung erleichtern.

Zum anderen ist wichtig zu wissen, dass **aus der sogenannten Belegpflicht eine Belegvorhaltepflicht geworden** ist. Das bedeutet: Wer seine Steuererklärung abgibt, ist nun grundsätzlich nicht mehr verpflichtet, Belege mit einzureichen. Das erspart nicht nur Dir, sondern auch dem Finanzamt Arbeit. **Nur auf Nachfrage** musst Du einzelne Belege zum Nachweis angesetzter Kosten beim Finanzamt einreichen.

* Das Programm ist auf der Seite https://www.elster.de downloadbar.

10 Nutze mögliche Vergünstigungen im Referendariat

Obwohl Du bereits das 1. Examen – und damit einen universitären Abschluss – hinter Dir hast, wirst Du nun im Referendariat „zurückgeworfen“, denn in fast allen Bundesländern ist der juristische Vorbereitungsdienst als **öffentlich-rechtliches Ausbildungsverhältnis** ausgestaltet: Du bist also Auszubildende/r.

Einzig Mecklenburg-Vorpommern, Hessen und Sachsen haben die **Verbeamtung auf Widerruf** für Referendare wieder eingeführt.

„Rolle rückwärts“

Nachdem in den vergangenen Jahren alle Bundesländer nach und nach die Verbeamtung von Rechtsreferendaren abgeschafft hatten, hat zunächst Mecklenburg-Vorpommern im Jahr 2018 die Verbeamtung auf Widerruf wieder eingeführt, um den juristischen Vorbereitungsdienst (finanziell) attraktiver zu gestalten. Und die Rechnung ging auf: Die Zahl der neuen Referendare hat sich seitdem nahezu verdoppelt.

Seit November 2019 können auch in Hessen Referendare wieder in das Beamtenverhältnis auf Widerruf berufen werden. Die Besoldung beträgt derzeit 1.523,13 Euro brutto pro Monat zuzüglich eines etwaigen Familienzuschlags und einer monatlichen Sonderzahlung in Höhe von 5 % der Anwärterbezüge. Bewerber, die die entsprechenden Voraussetzungen für eine Verbeamtung nicht erfüllen, werden wie bisher in ein öffentlich-rechtliches Ausbildungsverhältnis übernommen und erhalten eine Unterhaltsbeihilfe, die der Höhe nach zwar der Besoldung des Beamtenverhältnisses auf Widerruf entspricht. Diese Unterhaltsbeihilfe unterliegt jedoch der gesetzlichen Krankenversicherungs- und Arbeitslosenversicherungspflicht, sodass die Netto-Vergütung deutlich geringer ausfällt als bei den verbeamteten Kollegen.

Seit Anfang 2021 haben auch Referendare in Sachsen die Möglichkeit, zwischen dem Beamtenverhältnis auf Widerruf und dem öffentlich-rechtlichen Ausbildungsverhältnis zu wählen.

Es lässt sich darüber streiten, ob die Höhe der monatlichen **Beihilfe angemessen** ist. Eine solche Bewertung wollen wir an dieser Stelle auch gar nicht vornehmen, sondern Dich darauf aufmerksam machen, dass Du im öffentlich-rechtlichen Ausbildungsverhältnis den damit verbundenen **Status als Auszubildende/r zu Deinem Vorteil** nutzen kannst.

» Fahrkarten für den Personennah- und Fernverkehr

Als Auszubildende/r kannst Du gegebenenfalls vergünstigte Fahrkarten für den **Personennah- und Fernverkehr** erhalten. Einige Referendare haben uns berichtet, dass bei ihnen schon der bescheinigte Nachweis des „öffentlich-rechtlichen Ausbildungsverhältnisses“ gereicht hat, um **Monatskarten zum Ausbildungstarif** zu bekommen. In manchen Verkehrsverbünden wird dieser Nachweis allerdings nicht akzeptiert. Erkundige Dich beim nächsten Fahrkartenkauf einfach mal und frag nach möglichen Vergünstigungen.

Möglichkeit des „Job-Tickets“

In manchen Bundesländern sind Rechtsreferendar in „Job-Ticket-Vereinbarungen“ mit einbezogen. So erhalten zB Referendare in Hessen kostenlos das sogenannte LandesTicket und können sich damit kostenfrei im öffentlichen Personennahverkehr (ÖPNV) bewegen.

» Sonstige Vergünstigungen für Auszubildende

Auch in den Genuss von sonstigen Vergünstigungen, die Auszubildenden regelmäßig gewährt werden, kannst Du als Referendar im öffentlich-rechtlichen Ausbildungsverhältnis unter Umständen kommen. Dazu zählen zB **günstigere Tarife für den Mobilfunk und Pay-TV** oder beim Abschluss von Versicherungen. Auch hier gilt: Einfach mal nachzufragen kann sich auszahlen!

» Der Internationale Studentenausweis (ISIC – International Student Identity Card)

Als Referendar kannst Du einen **Internationalen Studentenausweis** (ISIC) beantragen. Der Ausweis ist immer **ein Jahr** ab Ausstellungsdatum gültig und bietet Dir eine Vielzahl von **Vergünstigungen im In- und Ausland**.

Mit dem Internationalen Studentenausweis kommst Du aktuell in den Genuss von **150.000 exklusiven Rabatten**, zB bei der Buchung von Flügen, Unterkünften und Mietwagen, in Restaurants und Bars oder in Onlineshops.

Nach erfolgreicher Beantragung und Prüfung erhältst Du über die ISIC-App Zugriff auf Deine virtuelle Karte und kannst die Vorteile sofort nutzen. Der Ausweis **kostet 15 Euro**, sowie weitere 3 Euro, falls Du nachträglich eine Plastikkarte zu Deiner bereits bestehenden virtuellen Karte haben möchtest.

Laut den Angaben auf der Webseite sind „Referendar/innen (Teil einer zweiphasigen akademischen Ausbildung)" berechtigt, die ISIC zu erwerben. Eine weitere Einschränkung, auf lediglich Referendare in einem öffentlich-rechtlichen Ausbildungsverhältnis, scheint es somit nicht zu geben. Sollte es jedoch zu einer Ablehnung für Referendare im Beamtenverhältnis auf Widerruf kommen, können diese bis einschließlich 30 Jahren immerhin die **International Youth Travel Card** (IYTC) erwerben. Diese Karte bietet im direkten Vergleich mit der ISIC zwar einen begrenzteren Zugang zu exklusiven Vergünstigungen, kann sich aber immer noch lohnen. Die Gültigkeitsdauer und Kosten dieser Karte unterscheiden sich nicht von denen der ISIC.

Weitere Informationen im Netz

Ausführliche Infos zur ISIC und IYTC, zur Beantragung und zu den damit verbundenen Rabatten findest Du auf https://www.isic.de.

11 Buchtipps für die Zivilrechtsstation

Vorab: Für die Auswahl der für Dich richtigen Lehrbücher und natürlich auch für den Kauf der Literatur empfehlen wir Dir unseren **Referendarbuchladen** (https://www.referendarbuchladen.de). Denn unabhängig davon, für welches Buch Du Dich letztlich entscheidest: Nur im Referendarbuchladen sind alle Bücher speziell für Rechtsreferendare gelistet. Und dadurch, dass wir die Bücher **kategorisiert** haben, hast Du – anders als bei Amazon & Co. – bei uns die Möglichkeit, Dir einen **umfassenden Überblick** dazu zu verschaffen, welche Bücher es zu einem bestimmten Thema überhaupt gibt.

» Unsere Buchempfehlungen

Für die Zivilrechtsstation braucht man auf jeden Fall ein Lehrbuch, mit dem man sich aneignet, wie ein zivilrechtliches Urteil zu schreiben ist. Zudem muss dieses Lehrbuch auf alle **Besonderheiten des Zivilprozessrechts** eingehen, welche Einfluss auf den Aufbau und den Inhalt eines Zivilurteils haben. Darüber hinaus sollte man sich ein Lehrbuch anschaffen, das das im 2. Examen **sehr wichtige Zwangsvollstreckungsrecht** umfassend darstellt. Schließlich benötigt man für die Übungsklausuren bei Gericht die Kommentare von *Grüneberg* (vormals *Palandt*) und *Thomas/Putzo* als günstige Vorauflagen.

(1) Urteil / Zivilprozessrecht

Wir empfehlen Dir, auf die „Klassiker" in der Referendarausbildung zurückzugreifen. Zu diesen Klassikern zählt zum einen das Buch von ***Oberheim – Zivilprozessrecht für Referendare***; zum anderen ist hier auch das Buch von ***Anders/Gehle* – Das Assessorexamen im Zivilrecht** zu nennen, das in vielen Bundesländern das Standardwerk schlechthin in der Referendarausbildung ist und welches wir uneingeschränkt allen Referendaren als Lehrbuch zu den Themen Urteil bzw. Zivilprozessrecht empfehlen können. Es ist mit ca. 675 Seiten ein sehr ausführliches Buch, das somit auf jeden Fall alles Wichtige für die Zivilrechtsstation behandelt.

Gerade **der Umfang des *Anders/Gehle*** schreckt einige Referendare davon ab, sich dieses Buch als Einstieg zu kaufen. Das ist aber unserer Ansicht nach ungerechtfertigt. Zwar bleibt es bei einem so großen Umfang nicht aus, dass manche Themen in dem Buch **zu ausführlich und detailliert** dargestellt werden.[*] Aber spätestens nach dem erfolgreich absolvierten Jurastudium sollte man als Referendar in der Lage sein, ggf. nicht so Wichtiges in einem Lehrbuch lediglich zu überfliegen oder sogar gar nicht zu lesen. Außerdem muss man das Buch erst bis zum Ende der Zivilrechtsstation durchgearbeitet haben. Bei einer Station, die in allen Ländern auf mindestens fünf Monate angelegt ist, ist das Durcharbeiten eines Buchs mit gut 600 Seiten **ohne Probleme zu schaffen**.

> **Hinweis lediglich zur Klarstellung:**
>
> Die von uns angeführten Buch- und Literaturempfehlungen sind weder mit den jeweiligen Autoren abgesprochen, noch sind sie für uns von finanziellem Vorteil. Die Empfehlungen basieren vielmehr ausschließlich auf positiven Erfahrungen in unserem eigenen Referendariat.

Insbesondere in Süddeutschland ist als weiteres Standardwerk das Buch von ***Knöringer* – Die Assessorklausur im Zivilprozess** weit verbreitet. Mit ca. 350 Seiten ist das Buch weniger umfangreich als das Buch von

[*] Hierzu zählen beim *Anders/Gehle* beispielsweise die zu lang geratenen Ausführungen zur Relationstechnik sowie zur Baumbach´schen Kostenformel.

Anders/Gehle; trotz alledem beinhaltet es ebenfalls alles, was man als Referendar in der Zivilrechtsstation braucht.

(2) Zwangsvollstreckungsrecht

Zum **Thema Zwangsvollstreckungsrecht** gibt es deutlich weniger Lehrbücher, die sich speziell an Rechtsreferendare richten. Das etablierteste Werk in diesem Bereich ist mit Sicherheit das Buch von ***Lackmann* – Zwangsvollstreckungsrecht**, welches wir uneingeschränkt empfehlen möchten. Gerade diejenigen, die sich im Studium noch nicht intensiv mit dem Zwangsvollstreckungsrecht beschäftigt und etwas „auf Lücke“ gesetzt haben, sollten nun zu diesem etwas ausführlicheren Lehrbuch greifen.

> **Tipp: Spare Geld und greife auf gebrauchte Bücher zurück**
>
> Lehrbücher für Referendare sind teuer. Im Referendarbuchladen (dort in der Kategorie „2. Hand“) bieten wir regelmäßig gebrauchte Bücher in gutem Zustand von ehemaligen Referendaren zu einem deutlich geringeren Preis an. So kann man bei der Anschaffung der im Referendariat notwendigen Literatur den einen oder anderen Euro sparen.

(3) Vorauflagen der Kommentare

Spätestens wenn die ersten Übungsklausuren bei Gericht anstehen, benötigt man die **Vorauflagen von *Grüneberg*** (vormals *Palandt*) **und *Thomas/Putzo***, die Du ebenfalls im Referendarbuchladen in der Kategorie „2. Hand“ oder auch im Juristenkoffer.de-Shop findest.

Wir versuchen, durch den Ankauf gebrauchter Literatur die Vorauflagen der Kommentare für die Referendare **das ganze Jahr über anbieten zu können**. Gerade der ZPO-Kommentar von *Thomas/Putzo* ist allerdings sehr begehrt und daher regelmäßig schnell vergriffen.

12 Bewerte die Zeugnisse im Referendariat nicht falsch

Neben den regelmäßig stattfindenden Arbeitsgemeinschaften findet parallel die **praktische Ausbildung in den Stationen** statt. In allen Bundesländern wird man vom Ausbilder in der jeweiligen Station bewertet; in manchen Bundesländern darüber hinaus auch vom AG-Leiter.

Unterschiede im Detail

Während Referendare in Hamburg nur Stationszeugnisse erhalten, werden in Niedersachsen neben den Stationszeugnissen auch AG-Zeugnisse vergeben.

Wir werden oft gefragt, was für eine **Aussagekraft** diesen Zeugnissen im Referendariat beizumessen ist, insbesondere da die Notengebung in den Stationen regelmäßig wohlwollend ausfällt. Tendenziell werden eher gute Noten, oft im zweistelligen Bereich, vergeben.

» Gute Stationsnoten = gutes Examen?

Die Zeugnisse im Referendariat solltest Du weder unter- noch überbewerten. Die Zeugnisse können Deine Examenszeugnisse nicht ersetzen; sie können aber eine Tendenz wiedergeben. Ein gutes Zeugnis darf dich allerdings **nicht in falscher Sicherheit wiegen**, dass es im Examen genauso laufen wird. Ebenso wenig sollte Dich ein nicht so erfreuliches Stationszeugnis derart herunterziehen, dass Du **keine Motivation** mehr aufbringen kannst. Zusammen mit Deinen Examenszeugnissen können die Stationszeugnisse einen ersten gewonnen Eindruck über Dich bestätigen, ihn leicht auf- oder schlimmstenfalls etwas abrunden.

» Einfluss auf die Gesamtnote

Die Zeugnisse können zum einen **in der mündlichen Prüfung** eine Rolle spielen. Der Prüfungsausschuss hat nämlich die Möglichkeit, von der nach der mündlichen Prüfung ermittelten Gesamtnote abzuweichen, wenn der Gesamteindruck über den Leistungssand des Prüflings dies nahelegt (sog. Vergabe von „Sozialpunkten").

***§ 5d Abs. 4 DRiG* lautet:**

„In den staatlichen Prüfungen kann das Prüfungsorgan bei seiner Entscheidung von der rechnerisch ermittelten Gesamtnote abweichen, wenn dies auf Grund des Gesamteindrucks den Leistungsstand des Kandidaten besser kennzeichnet und die Abweichung auf das Bestehen der Prüfung keinen Einfluss hat; hierbei sind bei der zweiten Staatsprüfung auch die Leistungen im Vorbereitungsdienst zu berücksichtigen. Die Abweichung darf ein Drittel des durchschnittlichen Umfangs einer Notenstufe nicht übersteigen. [...] Eine rechnerisch ermittelte Anrechnung von im Vorbereitungsdienst erteilten Noten auf die Gesamtnote der zweiten Staatsprüfung ist ausgeschlossen."

Nach Absatz 6 der Norm wird die konkrete Ausgestaltung durch das Landesrecht geregelt. In den Justizausbildungsgesetzen der Länder finden sich daher oftmals weitere Vorgaben zur Vergabe der Sozialpunkte.[*]

[*] So zB in §§ 56 Abs. 1, Abs. 4, 18 Abs. 4 JAG NRW.

Der **Gesamteindruck über Deinen Leistungsstand** ergibt sich damit nicht nur aus der schriftlichen Vornote und der mündlichen Prüfungsleistung, sondern auch aus den im Referendariat erbrachten Leistungen, die in den entsprechenden Zeugnissen dokumentiert sind.

» Einfluss bei der Jobsuche

Zum anderen können die Zeugnisse bei der **Jobsuche nach dem 2. Examen** eine Rolle spielen. Ist Deine Examensnote nicht zufriedenstellend ausgefallen, können gute Zeugnisse aus dem Referendariat (insbesondere in den fachlich relevanten Stationen) einen **positiven Eindruck** beim potentiellen Arbeitgeber hinterlassen.

Da Du schlichtweg auch nicht wissen wirst, ob und welcher Bedeutung ein Arbeitgeber den Zeugnissen beimisst, solltest Du auch auf gute Zeugnisse im Referendariat hinarbeiten. Versuche nicht nur im 2. Examen, sondern die **gesamte Referendarzeit bestmögliche Leistungen** abzuliefern.

Unabhängig von der Examensnote sind die Stationszeugnisse oft die bisher einzigen vorhandenen Zeugnisse, die auch Aussagen über Deine **Soft Skills** treffen. Lege die Zeugnisse Deinen Bewerbungen daher unbedingt bei; zu einer vollständigen Personalakte gehören sie – gerade zum Berufsbeginn – sowieso regelmäßig dazu.

» Unzufrieden mit dem Zeugnis

Wenn Du das Zeugnis in den Händen hältst, solltest Du nicht nur auf die bloße Note am Ende, sondern vor allem auf den **formulierten Text** achten. Wir haben schon einige Zeugnisse gesehen, in denen der formulierte Text nicht der (deutlich besseren) Gesamtnote entsprach. Mancher Referendar erhält auch kein konstruktives Feedback von seinem Ausbilder und ist am Ende über die erhaltene Bewertung und Note negativ überrascht.

Bist Du mit Deinem Zeugnis unzufrieden und fühlst Dich unfair bewertet, solltest Du das **Gespräch mit Deinem Ausbilder bzw. AG-Leiter** suchen oder Dich direkt an die Referendarabteilung wenden.

Lass Dich aber nicht vorschnell von einer vermeintlich „schlechten“ Note entmutigen. Einige Ausbilder legen durchaus einen **examensnahen Maßstab bei der Bewertung der Leistungen** ihrer Referendare zugrunde. Auch wenn es sich im ersten Moment unfair anhören mag, dass Deine Kollegen regelmäßig zweistellige Noten erhalten, während Du eisern um ein „befriedigend“ oder besser kämpfen musst, ist dies allein kein Grund, mit dem Zeugnis unzufrieden zu sein.

Wenn Dein Ausbilder Deine Leistungen examensnah bewertet, solltest Du ihn jedoch darum bitten, dass er im Zeugnis auch auf den angewandten **Bewertungsmaßstab nach der juristischen Prüfungsordnung** ausdrücklich hinweist.

13 Die Bewertungen der AG-Klausuren haben (k)eine Aussagekraft

Nicht lange nach dem Start in die Zivilrechtsstation stehen im Rahmen der Arbeitsgemeinschaft bereits die ersten Klausuren an. Dass man diese ernst nehmen und auf jeden Fall **zur Übung nutzen** sollte, sprechen wir in unserem Buch gleich mehrfach an. Eine Frage, die wir in diesem Zusammenhang oft erhalten und die oft auch in Foren diskutiert wird, zielt darauf ab, ob und inwieweit die **Bewertung dieser Klausuren** im Hinblick auf das spätere Examen aussagekräftig ist. Und die von uns gewählte doppeldeutige Überschrift zeigt es bereits: Die Beantwortung dieser Frage fällt nicht eindeutig aus.

» Geringerer Umfang der Übungsklausuren

Bei den Klausuren, die man während der Arbeitsgemeinschaften bzw. im Rahmen des Probeexamens schreibt, handelt es sich um **alte Examensklausuren**, die von den Landesjustizprüfungsämtern gerade für die Referendarausbildung freigegeben wurden. Oftmals wird behauptet, diese ehemaligen Examensklausuren seien bereits deshalb nicht mehr mit den aktuellen Examensklausuren vergleichbar, weil in den letzten Jahren der **Umfang der Klausursachverhalte** deutlich zugenommen habe.

Dazu können wir lediglich anmerken, dass dies bislang **empirisch nicht belegt** ist, sondern allein dem Gefühl der Rechtsreferendare entspricht. Außerdem sagt allein der Umfang eines Klausursachverhalts nichts darüber aus, wie schwierig diese Klausur ist. So können auch kurze Aktenauszüge rechtlich anspruchsvolle Themen behandeln, die den Referendaren nicht gut liegen; genauso gibt es umfangreichere Klausursachverhalte, die für Rechtsreferendare schnell und gut lösbar sind.

Geringerer Schwierigkeitsgrad der Übungsklausuren

Was man aber durchaus festhalten kann ist, dass die Klausuren während der Stationen einen **im Schnitt geringeren Schwierigkeitsgrad** aufweisen als die Klausuren, die dann im Examen zu erwarten sind. Denn der AG-Leiter wird als Übungsklausuren nur solche alten Examensklausuren aussuchen, die für die Referendare in der jeweiligen Station auch geeignet und didaktisch sinnvoll sind.

Anekdote zur Auswahl der Übungsklausuren

Als wir kurz vor dem schriftlichen Examen standen, befragte uns der Leiter der Fortgeschrittenen-AG im Strafrecht, wie unser Fazit ausfällt und ob wir Verbesserungsvorschläge haben. Im Rahmen der Diskussion kamen wir zu der Frage, wie er als AG-Leiter die Übungsklausuren aussucht. Er antwortete, dass er sich ca. zehn ehemalige Examensklausuren anschaut. Die Hälfte verstehe er beim Überfliegen selbst nicht so richtig, sodass fünf Klausuren übrigbleiben. Und von diesen fünf Klausuren wählt er dann die drei Klausuren aus, die er für gut lösbar und zur Ausbildung der Referendare sinnvoll erachtet. Diese Anekdote macht deutlich, dass man mit den außergewöhnlich schwierigen Examensklausuren, die es unstreitig in jedem Klausurdurchgang auch gibt, während des Referendariats in der Regel nicht konfrontiert wird.

Auf der einen Seite ist es zwar berechtigt, bei der Auswahl der Übungsklausuren den **Ausbildungsstand der Rechtsreferendare** zu berücksichtigen und nicht extrem ausgefallene Klausursachverhalte in der AG zu stellen. Auf der anderen Seite tun die AG-Leiter den Referendaren sicherlich **keinen Gefallen damit**, stets verhältnismäßig leichte Übungsklausuren zu stellen, wenn dies zur Folge hat, dass man als Referendar von dem eigentlichen Schwierigkeitsgrad der Klausuren im eigenen Examensdurchgang überrascht wird.

» Großzügigere Bewertung der Übungsklausuren

In den Arbeitsgemeinschaften schreibt man aber nicht nur im Schnitt leichtere Klausuren. Diese Klausuren werden in aller Regel auch **deutlich großzügiger bewertet** als im Examen. Dies liegt daran, dass die AG-Klausuren nicht wie im Examen anonymisiert korrigiert werden, sondern sich den Referendaren namentlich zuordnen lassen.

Korrektoren tun sich aber mit der Vergabe von eher schlechten Noten schwerer, wenn sie **den zu Bewertenden kennen** und die vergebene Punktzahl diesem gegenüber ggf. sogar im Gespräch rechtfertigen müssen. Genau das ist der Grund dafür, dass der universitäre Schwerpunktbereich[*] sowie die mündliche Prüfung in aller Regel deutlich besser ausfallen als die schriftlichen Examensprüfungen.

[*] Auf der Herbstkonferenz der Justizminister (JuMiKo) am 07.11.2019 wurde als TOP I. 12 beschlossen, gerade „wegen der Verschiedenartigkeit der staatlichen Pflichtfachprüfung und der universitären Schwerpunktbereichsprüfung künftig auf die Bildung einer Gesamtnote zu verzichten und im Zeugnis über die erste Prüfung beide Noten getrennt auszuweisen“. Inzwischen wurde hierfür die Regelung in § 5d Abs. 2 DRiG angepasst.

Infos zu zukünftigen und den vergangenen JuMiKo sind auf der Seite des Justizministeriums NRW abrufbar: https://www.justiz.nrw.de/JM/jumiko/.

Ziel der Bewertung einer Klausur

Der bereits angesprochene Leiter der Fortgeschrittenen-AG im Strafrecht räumte ebenfalls ein, dass seine Bewertung sicherlich nicht examensnah sei. Als Begründung führte er dabei an, dass seine Bewertung der Übungsklausuren nicht dazu führen solle, die Referendare zu demotivieren. Genau dies würde aber passieren, wenn er bei jeder Klausur mehrere Referendare durchfallen ließe.

Man muss sich also im Ergebnis klarmachen, dass die **Punktzahlen**, die man in den Übungsklausuren bei Gericht erhält, als solche für das spätere Examensergebnis **nicht aussagekräftig** sind. Schreibt man in der Arbeitsgemeinschaft regelmäßig „befriedigende" Klausuren, ist dies keine Garantie dafür, dass man auch im 2. Examen im befriedigenden Notenbereich landen wird. Vielmehr wird derjenige Referendar, der in der AG immer Noten im ausreichenden Bereich erhält, leider ein **Kandidat fürs Durchfallen** sein, wenn der AG-Leiter bei jeder Übungsklausur nur jeweils einen Referendar durchfallen lässt. Im Assessorexamen fallen nämlich **durchschnittlich 13 % aller Juristen** durch, auch wenn die Durchfallquote von Bundesland zu Bundesland sehr unterschiedlich ausfällt.

	Durchfallquote im Jahr 2018*
Baden-Württemberg	8,2 Prozent
Bayern	13,6 Prozent
Berlin	12,9 Prozent

* Quelle: Bundesamt für Justiz – Statistik zur Juristenausbildung 2018 vom 05. März 2020.

Brandenburg	22,3 Prozent
Bremen	19,3 Prozent
Hamburg	5,3 Prozent
Hessen	8,1 Prozent
Mecklenburg-Vorpommern	11,4 Prozent
Niedersachsen	11,0 Prozent
Nordrhein-Westfalen	16,4 Prozent
Rheinland-Pfalz	10,5 Prozent
Saarland	9,6 Prozent
Sachsen	8,0 Prozent
Sachsen-Anhalt	12,7 Prozent
Schleswig-Holstein	18,6 Prozent
Thüringen	7,4 Prozent

» Aber: Relative Aussagekraft der Übungsklausuren

Nun zu glauben „Es ist vollkommen egal, wie die AG-Klausuren laufen, im Examen werden die Karten eh neu gemischt“ wäre jedoch auch naiv. Man muss den Bewertungen der AG-Klausuren **eine relative Bedeutung zumessen.** Liegt man – im Vergleich zu seinen AG-Kollegen – in der Regel im oberen Drittel der Arbeitsgemeinschaft, dann ist die Wahrscheinlichkeit groß, ein zumindest sehr ordentliches Examensergebnis einzufahren.

Befindet man sich dagegen stets im unteren Drittel der AG, dann ist es egal, welche Punktzahlen man konkret in den Klausuren erhalten hat: es muss eine **deutliche Leistungssteigerung** her, um nicht Gefahr zu laufen, durch das Examen zu fallen.

Anders könnte man das nur bewerten, wenn man im unteren Drittel einer „besonders starken AG" oder im oberen Drittel einer „besonders schwachen AG" liegt. Denn die Examensklausuren werden **nicht AG-bezogen bewertet**; man steht vielmehr im landesweiten Wettbewerb zu den Referendaren sämtlicher Arbeitsgemeinschaften, die in einem bestimmten Examensmonat ihre Klausuren ablegen. Innerhalb eines Bundeslandes erfolgt die Zuweisung zu einer AG aber nicht nach Noten, sondern nach anderen (oftmals sozialen) Kriterien, sodass davon auszugehen ist, dass Arbeitsgemeinschaften nahezu immer **eine ähnliche Leistungsstruktur** aufweisen werden.

Die Übungsklausuren in den Arbeitsgemeinschaften bzw. im Probeexamen sind also **sehr wohl dazu geeignet** festzustellen, auf welchem Leistungsstand man sich befindet. Wichtig dabei ist es aber, den konkreten Punktzahlen eine geringe Bedeutung zuzumessen und nur zu schauen, wie die Übungsklausuren **im Vergleich zu den anderen Referendaren** ausfallen.

14 Buchtipps für die Strafrechtsstation

Die Strafrechtsstation beginnt mit einer Einführungs-AG, die den Referendaren innerhalb von in der Regel drei Wochen das **Strafprozessrecht** einerseits sowie den **Aufbau und den Inhalt einer Anklageschrift** anderseits vermittelt. Dies ist auch sinnvoll. Denn zum einen wird man in der Strafrechtsstation als sogenannter Sitzungsvertreter der Staatsanwaltschaft eingesetzt. Da man **die Anklagebehörde vertritt** und die Anklage verliest, muss man den (prozessualen) Ablauf eines Strafverfahrens sowie den Aufbau und Inhalt einer Anklageschrift verstanden haben. Zum anderen wird man in aller Regel **einem Staatsanwalt zur praktischen Ausbildung** zugewiesen. Im Rahmen dieser Ausbildung erhält man wöchentlich Akten vom Ausbilder zur Bearbeitung. Oftmals sind die Sachverhalte, die den Fällen zugrunde liegen, bereits „ausermittelt", sodass die Aufgabe für den Referendar nun gerade darin besteht, die Anklageschrift zu entwerfen.

» Lehrbuch zum Strafprozessrecht / Anklage

Nicht zuletzt deshalb, weil mindestens eine der Strafrechtsklausuren im 2. Examen in jedem Bundesland die **Fertigung einer Anklageschrift** zum Gegenstand hat, muss man sich ein möglichst umfassendes Lehrbuch zu diesem Thema zulegen und während der Strafrechtsstation durcharbeiten. Leider gibt es bei der strafrechtlichen Literatur für Rechtsreferendare **keine „Standardwerke"**, so wie es bei der Zivilrechtsstation der Fall ist. Ein sehr gutes Lehrbuch zum Thema Strafprozessrecht bzw. Verfassen einer Anklageschrift ist aber das Buch von ***Haller/Conzen* – Das Strafverfahren**, das wir uneingeschränkt empfehlen können. Dieses

Lehrbuch ist bereits in der 9. Auflage erschienen und behandelt auf gut 670 Seiten alle Themen, die man in der Strafrechtsstation bzw. für die Anklageklausur(en) im schriftlichen Examen können muss.

» *Lehrbuch zum Revisionsrecht bzw. Strafurteil*

Ob man sich zusätzlich Lehrbücher zum **Revisionsrecht** und/oder zur **Abfassung eines Strafurteils** zulegen muss, ist von Bundesland zu Bundesland unterschiedlich zu beantworten. Während zum Beispiel in **Nordrhein-Westfalen** die S2-Klausur im Examen stets entweder eine Revisionsklausur oder eine (Straf-)Urteilsklausur ist, schreiben die Referendare in **Niedersachsen** im 2. Examen ausschließlich eine Anklageklausur und brauchen sich auf diese beiden Themengebiete nicht vorbereiten. Im GJPA Bezirk **Berlin/Brandenburg** wiederum ist zwar eine Revision denkbar, strafrechtliche Urteilsklausuren werden dagegen im 2. Examen nicht gestellt.*

Muss man sich im Rahmen der Ausbildung und für die Klausuren im 2. Examen mit dem Revisionsrecht beschäftigen, empfehlen wir als Lehrbuch das kompakte Werk von ***Russack* – Die Revision in der strafrechtlichen Assessorklausur**. Der Autor ist Repetitor bei den Kaiser-Seminaren und stellt auf ca. 200 Seiten alles Wesentliche und für das Examen Notwendige zum Revisionsrecht dar. Dazu wertet *Russack* die strafrechtlichen Revisionsklausuren im zweiten Examen regelmäßig aus, was

* Ob Revisionsrecht und/oder Urteilsklausuren im Strafrecht in Deinem Bundesland zum Prüfungsstoff im 2. Examen gehören, solltest Du rechtzeitig bei Deinem AG-Leiter, der Referendarabteilung oder – wenn Du ganz sichergehen willst – beim zuständigen Justizprüfungsamt erfragen. Die Justizausbildungsordnungen enthalten dagegen in aller Regel keine Informationen dazu, ob diese Themen Prüfungsgegenstand in den Klausuren des 2. Staatsexamens sein können.

gerade die **Examensrelevanz der Ausführungen** sichert. Die Referendare, die im Examen auch mit einer Urteilsklausur rechnen müssen, sollten sich zudem das Buch von ***Ziegler* – Das Strafurteil** anschaffen. Dieses Buch ist bereits in der 9. Auflage und ist mit ca. 160 Seiten auch nicht allzu umfangreich.

Wichtiger Hinweis: Bloß nicht auf Lücke setzen!

Früher war es einmal so, dass man zB als Referendar aus NRW anhand des Klausurmonats erahnen konnte, ob man als S2-Klausur eine Revision oder ein Strafurteil zu schreiben hatte. Neun Mal im Jahr lief eine Revision und drei Mal ein Urteil. Dabei waren es stets dieselben Monate, in denen ein Urteil als Aufgabe gestellt wurde (nämlich März, September und November).

Seit ein paar Jahren ist es mit dieser Regelmäßigkeit der Abfolge der Klausurtypen leider vorbei. Nun geht es kunterbunt durcheinander, wann als S2-Klausur eine Revision bzw. ein Strafurteil läuft. In dieser Hinsicht auf Lücke zu lernen und sich entweder nur auf eine Revision oder nur ein Strafurteil vorzubereiten, ist mehr als fahrlässig!

	2021	**2020**	**2019**	**2018**
Januar	Revision	Revision	Revision	Revision
Februar	Revision	Revision	Revision	Revision
März	Revision	Revision	Revision	Revision
April	Revision	----	Revision	Revision
Mai	Revision	Revision	Revision	Urteil
Juni	Revision	Revision	Revision	Revision
Juli	Revision	Revision	Urteil	Revision
August	Revision	Revision	Revision	Revision

September	Revision	Revision	Revision	Revision
Oktober	Revision	Revision	Revision	Revision
November	Revision	Urteil	Revision	Urteil
Dezember	Revision	Revision	Revision	Revision

» *Vorauflagen der Kommentare*

Wie schon in der Zivilrechtsstation werden auch in der Strafrechtsstation regelmäßig **Übungsklausuren bei Gericht** geschrieben. Hierfür benötigt man die Kommentare von *Fischer* (StGB) und von *Meyer-Goßner/ Schmitt* (StPO). Da die Übungsklausuren **alte Examensklausuren** sind, die bereits vor etlichen Jahren im 2. Examen liefen, braucht man als Referendar keinesfalls die aktuellen Auflagen der Kommentare, sondern es genügen die viel **günstigeren Vorauflagen**. Diese findest Du im Referendarbuchladen in der Kategorie „2. Hand" oder auch im Juristenkoffer.de – Shop.

15 Nutze die sich Dir bietenden Möglichkeiten der Strafrechtsstation

Die Strafrechtsstation ist für die meisten Referendare die mit Abstand aufregendste und interessanteste Station während des Vorbereitungsdienstes. Und dabei möchten wir an dieser Stelle noch nicht einmal auf die **Sitzungsvertretung für die Staatsanwaltschaft** hinaus, die für viele Juristen der erste offizielle Auftritt vor Gericht mit Robe darstellt und nicht selten Herzklopfen und Schweißausbrüche im Vorfeld auslöst. Nein, die Strafrechtsstation bietet in den eigentlich überschaubar langen drei Monaten eine **Vielzahl an weiteren Highlights**, an die man auch Jahre nach dem Referendariat noch gerne zurückdenkt!

» Besuch der Polizei sowie der Schießanlage

Eine (kurzweilige) Nachmittagsveranstaltung ist der Besuch der örtlichen Polizei. Dort wird den Referendaren sämtliche Räumlichkeiten der Station sowie **insbesondere auch die Leitzentrale** gezeigt, in der eingehende Notrufe bearbeitet werden. Zudem besteht die Möglichkeit, die Ausrüstung der Polizisten sowie die Ausstattung der Einsatzfahrzeuge kennenzulernen.

Ggf. steht im Rahmen einer solchen Veranstaltung auch der **Besuch des Schießstandes** an mit der Möglichkeit, Schüsse auf die Zielscheiben abzugeben. Keinesfalls darf man auf der Schießhalle auf einen Gehörschutz verzichten, da die Lautstärke bei Abgabe eines Schusses enorm ist.

Keine Pflichtveranstaltung

Sowohl in Bezug auf den Besuch der Schießanlage als auch hinsichtlich der noch folgenden Angebote für Rechtsreferendare gilt natürlich der Grundsatz: Alles kann, nichts muss. Wer partout keine Waffe in die Hand nehmen oder auf Zielscheiben anlegen möchte, kann sich dem einfach verweigern. Die Veranstaltungen selbst sind keine Pflichttermine im Rahmen der Referendarausbildung, sondern stellen lediglich ein Angebot an interessierte Referendare dar, die Erfahrungen über den Tellerrand hinaus machen möchten.

Im Hinblick auf den Besuch des Schießstandes war es bei uns im Übrigen – neben wenigen Referendaren – unser AG-Leiter selbst, der als bekennender Pazifist keinen Schuss aus einer Waffe abgeben wollte. Und dies ist selbstverständlich zu respektieren.

» Polizeifahrt

Eine weitere besondere Veranstaltung, die den Referendaren in der Strafrechtsstation in der Regel geboten wird, ist die **Teilnahme an einer (Nacht-)Schicht bei der Polizei**. Wann sonst hat man die Chance, mit kugelsicherer Weste hautnah Polizeieinsätze mitzuerleben!

In der Arbeitsgemeinschaft wird eine Liste rumgereicht, in die man sich für bestimmte Zeiten für die **Teilnahme an einer Polizeifahrt** eintragen kann. Erfahrungsgemäß machen die meisten Referendare eine Schicht bei der Polizei mit, sodass es etwas Glück bedarf, einen bestimmten Wunschtermin hierfür zu ergattern. Wie aufregend die Polizeifahrt letztlich wird, ist natürlich im Vorfeld nicht abschätzbar. Während bei manchen AG-Kollegen – zumindest nach deren Erzählungen – wilde **Verfolgungsfahrten und Einbrüche** vorkamen, gab es bei anderen Referendaren lediglich Einsätze wegen Ruhestörung bei zu lauten Partys.

Wir können nur jedem dazu raten, sich für eine Schicht einzutragen und mitzumachen! Eigentlich jeder Referendar behält seine Polizeifahrt während des Referendariats in Erinnerung.

» Teilnahme an einer Obduktion

Wo wir schon bei den Listen sind, die durch die AG gereicht werden: Es besteht in der Strafrechtsstation in vielen Bundesländern für mutige Referendare auch die Möglichkeit, sich für die **Teilnahme an einer Obduktion** anzumelden. Da eine solche Obduktion sicherlich nicht jedermanns Sache ist, sollte man es sich im Vorfeld gut überlegen, ob man sich wirklich zutraut, bei der Öffnung einer Leiche dabei zu sein.

Ein **konkreter Termin** für die Obduktion steht im Zeitpunkt der Anmeldung in der Regel noch nicht fest, da es nicht alle Tage eine zu obduzierende Leiche gibt. Zudem muss eine Obduktion auch für Besucher geeignet sein. Daher gibt man bei der Anmeldung lediglich seine **Kontaktdaten** an, unter denen man kurzfristig zu erreichen ist. Wenn der Termin für eine Obduktion feststeht, wird man angerufen und darüber informiert.

Der **Termin in der Rechtsmedizin** beginnt zunächst recht harmlos: Die Mediziner stellen sich vor, erläutern kurz, was passieren wird, und holen den Toten aus der Kühlkammer (dieser ist zunächst abgedeckt). Anschließend wird eine sogenannte **äußere Leichenschau** durchgeführt, man schaut insbesondere nach Merkmalen von Gewalteinwirkung o.ä. Auch die Kleidung wird ausführlich begutachtet, ebenso die Körperöffnungen. Wenn man als Referendar dies ohne größere Probleme überstanden hat, wird es ernst: Es beginnt die **innere Leichenschau**. Hier wird der gesamte Körper geöffnet – inklusive Rücken, Brust- und Bauchbereich, Schädel und Hals. Dies erfordert teilweise ein sehr rabiates Vorgehen, da schließlich Knochen im Weg sind. Während der Leichenschau erläutern die Mediziner ausführlich ihr Vorgehen und stellen bereits erste Vermutungen an, was die **Todesursache** angeht (hierum geht es schließlich).

Für die weitere Ausbildung als Volljurist ist eine solche Obduktion sicherlich nicht relevant. Wenn man sich aber die Teilnahme an einer solchen zutraut, ist auch die Obduktion eine **sehr interessante Veranstaltung**, an der man im Rahmen der Strafrechtsstation teilnehmen kann.

» Besuch einer Justizvollzugsanstalt

Eine weitere Veranstaltung, an der Rechtsreferendare während der Strafrechtsstation regelmäßig teilnehmen können, ist der **Besuch der örtlichen JVA**. Auch hier können wir nur empfehlen, an diesem Termin teilzunehmen. Denn auch die Gelegenheit, eine Justizvollzugsanstalt von innen zu sehen, hat man nicht alle Tage!

Nach der **Kontrolle des Personalausweises** und dem Passieren verschiedener Tore, Türen und sonstiger Barrieren ist es soweit: Hinter einem fällt das große Tor zu und man ist drin... was schon ein eher beklemmendes Gefühl ist. Dann folgen Rundgang durch die Flure sowie die **Besichtigung einer Zelle** und der Werkstätten. Oftmals besteht die Gelegenheit, mit Häftlingen zu sprechen, dem Direktor Fragen zu stellen und die Bibliothek zu sehen.*

* Bei unserem JVA-Besuch wurde uns die Bibliothek sowie die Ausgabe der Bücher von dem Gefangenen selbst erläutert: Ein sympathischer älterer Mann, der offen die vielen Fragen der Referendare beantwortete. Umso erstaunter ist man, wenn man anschließend erfährt, dass dieser wegen eines vorsätzlichen Tötungsdelikts einsitzt.

Auch wenn man froh ist, die Justizvollzugsanstalt nach eineinhalb Stunden als freier Mensch wieder verlassen zu dürfen, ist dies **eine beeindruckende Veranstaltung**, die den Blick dafür schärft, was es bedeutet, als Rechtsreferendar und Sitzungsvertreter der Staatsanwaltschaft gegenüber einem Angeklagten auf eine Freiheitsstrafe zu plädieren, deren Vollzug nicht auf Bewährung ausgesetzt werden soll. Nicht zuletzt deshalb empfiehlt sich ein solcher Besuch einer JVA, wenn man vorhat, später als Staatsanwalt zu arbeiten.

» *Trinktest*

Die Veranstaltung beginnt mit einem **Vortrag zur Wirkungsweise von Alkohol** auf den menschlichen Körper. Anschließend folgt der eigentliche Test: Zunächst sollen sich die Referendare nach dem ersten Genuss alkoholischer Getränke selbst einschätzen und mit einem **Atem-Alkoholmessgerät den Promillewert** feststellen lassen. Ziel ist es, die Juristen schätzen zu lassen, ob sie sich zu diesem Zeitpunkt noch fahrtüchtig fühlen. Danach wird weiter Bier und Wein getrunken, um dann mit einem mitgeteilten Promillewert die eigene Selbsterfahrung zur zunehmenden Alkoholbeeinflussung zu machen. Geplant ist es, innerhalb von zwei bis drei Stunden auf einen **Zielwert von ca. 0,8 Promille** zu kommen.

Nicht nur weil Trunkenheit im Verkehr ein vielfach vor Gericht verhandelter Straftatbestand ist, ist der Trinktest mit der regelmäßigen Messung des Atem-Alkoholgehalts **eine beeindruckende Veranstaltung zur Wirkung** von nur wenigen Gläsern Bier und Wein auf die eigene Fahrtüchtigkeit.

Organisation des Trinktests

Veranstalter solcher Alkohol-Selbsterfahrungsversuche ist der Bund gegen Alkohol und Drogen im Straßenverkehr e.V. Informationen zu diesem Verein sowie über die Selbsterfahrungsversuche findet man auf der Internetseite https://www.bads.de. Auf dieser Seite findet man auch die Kontaktdaten der einzelnen Landessektionen des Vereins, die die Selbsterfahrungsversuche vor Ort mit den Referendaren durchführen.

16 Buchtipps für die Verwaltungsstation

Für die Literatur in der Verwaltungsstation muss man **deutlich weniger Geld** ausgeben als für die Bücher in der Zivilrechts- bzw. Strafrechtsstation. Der Grund hierfür ist Folgender: Im Öffentlichen Recht hat man sich bereits im Studium mit den **prozessualen Grundlagen** beschäftigt. Denn anders als in den Zivilrechts- oder Strafrechtsklausuren lautete in den öffentlich-rechtlichen Klausuren an der Universität die Fragestellung, ob die Klage bzw. der Antrag des X Aussicht auf Erfolg haben. Man musste also stets die **Zulässigkeit und Begründetheit des Rechtsbehelfs** gutachterlich prüfen. In prozessualer Hinsicht lernt man im Referendariat fast nichts Neues* und man kann zur Wiederholung ohne Weiteres auf die Unterlagen aus dem Studium zurückgreifen.

» Lehrbuch zu verwaltungsgerichtlichen und -behördlichen Entscheidungen

Wie gerade ausgeführt, kann man grundsätzlich zur Wiederholung des Prozessrechts auf die **eigenen Unterlagen aus dem Studium** zurückgreifen. Auch im 2. Examen weist nahezu jede Klausur Probleme in der Zulässigkeit auf und gerade die Besonderheiten des einstweiligen Rechtsschutzes behalten im Examen eine **überragende Bedeutung**. Man darf sich also keine Schwächen in diesen Bereichen leisten.

---

* Einzig die Formalia einer verwaltungsgerichtlichen Entscheidung (bzw. eines behördlichen Bescheids) muss man im Referendariat erlernen. Da aber zum Beispiel verwaltungsgerichtliche Urteile und Beschlüsse den zivilrechtlichen Entscheidungen in formaler Hinsicht sehr ähneln, ist auch dieses „Neue“ sehr überschaubar.

Kintz - Öff. R im Assessorexamen (VwGO)
MatR - Kaiser/Köster Stuttmann - VwVfG Kopp/Ramsauer
VwGO - Kopp/Schenke

Wer sich neben den Unterlagen aus der Examensvorbereitung zum 1. Examen noch ein Lehrbuch zulegen möchte, das speziell auf das Referendariat bzw. Assessorexamen zugeschnitten ist, dem sei das Buch von ***Kintz* – Öffentliches Recht im Assessorexamen** empfohlen, das man in diesem Bereich durchaus als das „Standardwerk" bezeichnen kann. Dieses Ausbildungsbuch erläutert einerseits Aufbau und Formalien verwaltungsgerichtlicher Entscheidungen und erörtert andererseits häufig wiederkehrende Klausurprobleme aus dem Examen anhand konkreter Beispiele und Formulierungshilfen.

» Lehrbuch zum materiellen Verwaltungsrecht

Auch im Öffentlichen Recht ist Grundlage einer jeden guten Klausur, dass man **das materielle Recht beherrscht**. Zur Wiederholung insbesondere des Besonderen Verwaltungsrechts bietet es sich zunächst an, die Unterlagen aus dem Studium sowie der Vorbereitung auf das 1. Examen zur Hand zu nehmen. Daneben kann man auch auf ein auf die Zielgruppe der Referendare zugeschnittenes **Crashkurs-Skript der bekannten Repetitorien** zurückgreifen. Hierzu zählt das Buch von *Kaiser/Köster* – Materielles Öffentliches Recht im Assessorexamen sowie das Skript aus dem Verlag Alpmann Schmitt von *Stuttmann* – Materielles Verwaltungsrecht in der Assessorklausur.

Hinweis für Bundeslandwechsler

Von Bundesland zu Bundesland gibt es Unterschiede hinsichtlich des Aufbaus der Verwaltung sowie bezüglich der konkreten Rechtsgrundlagen für das Handeln der jeweiligen Behörde. Alle Referendare, die den juristischen Vorbereitungsdienst in einem anderen Bundesland absolvieren als ihr Studium, müssen sich schnellstmöglich mit diesen abweichenden Normen des Besonderen Verwaltungsrechts und sonstigen

Besonderheiten vertraut machen. Wir können nur dringend empfehlen, sich hiermit gleich zu Beginn der Verwaltungsstation zu beschäftigen! Je näher das schriftliche Examen rückt, desto größer wird der Stress. Sich erst kurz vor dem Examen mit den Unterschieden zum bislang gelernten Verwaltungsrecht auseinanderzusetzen, ist mehr als fahrlässig. Dafür ist und bleibt das materielle Verwaltungsrecht zu wichtig im Staatsexamen.

» *Vorauflagen der Kommentare*

Auch in der Verwaltungsstation schreibt man regelmäßig aussortierte Examensklausuren als **Übungsklausuren**. Hierfür benötigt man die Kommentare von *Kopp/Schenke* (VwGO) und *Kopp/Ramsauer* (VwVfG). Dabei genügen auch hier die viel **günstigeren Vorauflagen**. Diese findest Du im Referendarbuchladen in der Kategorie „2. Hand" oder auch im Juristenkoffer.de – Shop.

Etwas anderes gilt lediglich für die **Referendare aus Niedersachsen und Hessen**: Da in Hessen nur der Kommentar von *Kopp/Schenke* (nicht aber der Kommentar von *Kopp/Ramsauer*) und in Niedersachsen gar keine verwaltungsrechtlichen Kommentare im 2. Examen als Hilfsmittel zugelassen sind, entfällt für Referendare insoweit auch eine Anschaffung der jeweiligen Bücher für das Referendariat. Die Übungsklausuren während des Referendariats sollten **stets unter Examensbedingungen geschrieben werden**. Es macht also keinen Sinn, für die Klausuren im Rahmen der Verwaltungsstation Kommentare zu verwenden, die man im 2. Staatsexamen eh nicht nutzen darf.

17 Bestehe auf den Studientag in der Verwaltungsstation

Die Verwaltungsstation hat (oftmals nicht zu Unrecht) den Ruf, die langweiligste Station im gesamten Referendariat zu sein. Hat man sich nicht frühzeitig um eine interessante Ausbildungsstelle bemüht, verbringt man die Monate der Station in der Regel im **Rechtsamt einer Gemeinde- oder Kreisverwaltung**.

Was die Verwaltungsstation zudem von den ersten beiden Pflichtstationen im Referendariat unterscheidet: In der Regel hat man bei der Behörde, der man als Referendar zugeteilt ist, **an jedem Tag der Woche von 9.00 Uhr bis 17.00 Uhr** zu erscheinen. Wenn man dann im Büro sitzt und den x-ten Widerspruch gegen einen Hundesteuerbescheid bearbeitet, fragt man sich schon, ob man nicht zumindest einen Teil der Zeit auch mit der Erarbeitung des **examensrelevanten Stoffs** hätte verbringen können. Hilfreich ist es da zu wissen, dass in vielen Bundesländern jedem Referendar ein Anspruch auf einen sogenannten **Studientag** zusteht.

» Rechtliche Grundlage für Referendare aus NRW

Rechtsgrundlage für den Studientag ist Ziffer 4.6 der „Verwaltungsvorschriften für die Ausbildung der Referendarinnen und Referendare in der Verwaltung".

Ziffer 4.6 im Wortlaut

„In enger Abstimmung mit der Ausbilderin oder dem Ausbilder und unter strenger Beachtung der dienstlichen Gegebenheiten, insbesondere des Zeitablaufplanes der Arbeitsgemeinschaften erhält die Referendarin oder der Referendar alle zwei Wochen im Umfang von einem Arbeitstag gesondert Zeit zur Vorbereitung auf die öffentlich-rechtliche Arbeitsgemeinschaft I – Verwaltung – und zum Selbststudium.“

Jeder Referendar hat nach dieser Verwaltungsvorschrift* also alle zwei Wochen Anspruch auf einen Studientag, den er zum **Selbststudium oder zur Vor- und Nachbereitung der Arbeitsgemeinschaft** nutzen kann.

Nicht nur Referendare wissen oftmals nichts von dieser Regelung; auch viele Ausbildungsleiter in den Gemeinde- und Kreisverwaltungen **kennen die Regelung zum Studientag nicht** oder – was noch schlimmer ist und ebenfalls vorkommt – weisen die zugewiesenen Referendare trotz Kenntnis einfach nicht auf den möglichen Studientag hin. Spätestens nach Beginn der praktischen Ausbildung in der Behörde sollte man mit seinem Ausbildungsleiter in jedem Fall die **konkrete Handhabung diesbezüglich** besprechen. Nicht selten einigt man sich darauf, dass man wöchentlich einen halben Tag frei bekommt, statt alle zwei Wochen einen vollen Arbeitstag nicht zu erscheinen.

Unter Berücksichtigung des Studientags verbringt man also in der Regel **dreieinhalb Tage** zur praktischen Ausbildung in der Behörde. Ein halber Tag steht dem Selbststudium zur Verfügung und an einem Tag besucht man die verwaltungsrechtliche Arbeitsgemeinschaft.

* Die Verwaltungsvorschrift wurde am 13.07.1994 vom Innenministerium des Landes Nordrhein-Westfalen erlassen und im Ministerialblatt für das Land NRW 1994, S. 996 ff. bekannt gegeben.

» Regelungen in anderen Bundesländern

In **Hamburg** hat sich der Personalrat der Referendare im Jahr 2010 mit dem zuständigen Personalamt darauf verständigt, dass Referendare während der Verwaltungsstation eine wöchentliche **Anwesenheitszeit von 27,5 Stunden** haben. Dies entspricht exakt den dreieinhalb Arbeitstagen, so wie wir es oben für NRW erläutert haben. Auch Referendare aus Hamburg haben also einen **Anspruch auf einen Studientag alle zwei Wochen** (wahlweise einen Anspruch auf einen halben Studientag jede Woche). Das Personalamt selbst weist auf seiner Internetseite aber darauf hin, dass diese Regelung nur für die Stationen gelten, die **bei Hamburger Behörden** abgeleistet werden.

Sucht man sich als Referendar in Hamburg eine **Verwaltungsstation außerhalb Hamburgs** – was ohne Probleme möglich ist – kann man sich auf die genannte Vereinbarung zwischen Personalrat und Personalamt nicht berufen.

Auch in den **Ausbildungsplänen** für die praktische Ausbildung der Referendare **in Brandenburg** gibt es eine Regelung: „Es ist davon auszugehen, dass für die Zeit der praktischen Ausbildung nach Beendigung der Einführungsarbeitsgemeinschaft **drei Fünftel der wöchentlichen Arbeitszeit** zur Verfügung stehen; die übrige Zeit ist dem Besuch der stationsbegleitenden Arbeitsgemeinschaften, deren Vor- und Nachbereitung sowie dem Selbststudium vorbehalten.“* Auch in Brandenburg besteht also für Referendare ein Anspruch auf einen Studientag.

Für **alle übrigen Bundesländer** liegen uns keine Informationen zu speziellen Regelungen eines Studientags vor. Rechtzeitig vor Beginn der Verwaltungsstation solltest Du Dir ggf. Informationen bei Deinem Refe-

---

* Ausbildungsplan für die praktische Ausbildung bei einer Verwaltungsbehörde, Justizministerialblatt für das Land Brandenburg vom 15. November 2003, S. 22.

rendarpersonalrat oder bei der zuständigen Referendarabteilung diesbezüglich einholen.

» Studientag nur für die Verwaltungsstation

Die genannten Regelungen und rechtlichen Grundlagen beziehen sich grundsätzlich nur auf den Anspruch auf einen Studientag **in der Verwaltungsstation**. Für die Zivilrechtsstation und die Strafrechtsstation bedarf es bereits keiner entsprechenden Regelung. Denn in diesen beiden Stationen ist es eh üblich, **(nur) ein- bis zweimal die Woche** seinen Ausbilder aufzusuchen, bearbeitete Akten zu besprechen und an Sitzungsterminen teilzunehmen. Neben der praktischen Ausbildung hat man noch ausreichend Zeit für das Selbststudium.

Und mit dem **Ausbilder in der Anwaltsstation** sollte man vor einer verbindlichen Zuweisung durch die Stammdienststelle darüber sprechen, an wie vielen Tagen man als Referendar in der Kanzlei zu erscheinen hat. Gerade weil die Anwaltsstation regelmäßig vor den Klausuren des 2. Examen liegt, ist in diesem Zusammenhang auch ein **„Tauchen" am Ende der Station** zu erörtern.*

Jedenfalls empfehlen wir, sich auch **für die ersten Monate der Anwaltsstation** zumindest einen Tag in der Woche für das Selbststudium einräumen zu lassen. Denn man braucht nun mal Zeit dafür, den examensrelevanten Stoff zu erarbeiten bzw. intensiv zu wiederholen sowie **regelmäßig Übungsklausuren** eines kommerziellen Klausurenkurses zu schreiben. Sollte sich der Anwalt hiergegen sträuben, sollte man als Referendar einfach auf das **Juristenausbildungsgesetz** des jeweiligen Landes

* Zum „Tauchen" vergleiche auch unsere Ausführungen in Kapitel 7 auf S. 45 f.

verweisen, in dem regelmäßig auch das Selbststudium als Teil des Referendariats vorgesehen ist.

So lautet zum Beispiel *§ 39 Abs. 2 JAG NRW:**

„Das Ausbildungsziel soll insbesondere durch Ausbildung in der Praxis, Ausbildung in der Arbeitsgemeinschaft und Selbststudium erreicht werden."

* Vergleichbare Regelungen gibt es zB in § 45 Abs. 1 JAPrO Baden-Württemberg, § 28 Abs. 2 JAO Saarland und § 34 Abs. 1 JAPO Thüringen.

18 Beginne am Anfang der Verwaltungsstation mit dem regelmäßigen Klausuren Schreiben

In beiden juristischen Examina geht es insbesondere darum, die **Klausuren erfolgreich zu schreiben**. Zum einen fließt das schriftliche Examen erheblich in die Examensnote ein.

	Anzahl	Gewichtung
Baden-Württemberg	8 Klausuren	70 %
*Bayern**	9 Klausuren	70 %
Berlin / Brandenburg	7 Klausuren	60 %
Bremen / Hamburg / Schleswig-Holstein	8 Klausuren	70 %
Hessen	8 Klausuren	60 %
Mecklenburg-Vorpommern	8 Klausuren	66,66 %
Niedersachsen	8 Klausuren	60 %
*NRW***	8 Klausuren	60 %

* Bis einschließlich 2021 mussten die Referendare in Bayern sogar 11 Klausuren schreiben und die Gewichtung des schriftlichen Examens betrug 75 %.

** Ab dem Examensdurchgang 11/2023 wird die Gewichtung bei 65 % liegen.

Rheinland-Pfalz	8 Klausuren	70 %
Saarland	7 Klausuren	70 %
Sachsen	8 Klausuren	66,66 %
Sachsen-Anhalt	8 Klausuren	60 %
Thüringen	8 Klausuren	65 %

Zum anderen sind viele Prüfer in den mündlichen Prüfungen **vornotenorientiert**, sodass auch die Note in der Mündlichen mittelbar vom Klausurergebnis abhängt.

» Klausurenkurs ist „Pflicht"

Gerade weil das **schriftliche Examen so enorm wichtig** ist, muss man zwingend für die Vorbereitung auf die Klausuren den wöchentlichen Klausurenkurs bei Gericht besuchen oder – falls es einen solchen regelmäßigen Klausurenkurs bei Gericht nicht gibt – einen (zusätzlichen) **Klausurenkurs eines kommerziellen Anbieters** buchen. Zwar schreibt man auch in den Arbeitsgemeinschaften Übungsklausuren, mit denen die Leistung der Referendare überprüft werden sollen, oder sogar Klausuren in Form eines Probeexamens*. Diese reichen aber allein nicht aus, sich auf ein

* In Berlin findet das Probeexamen drei Monate vor Beginn des eigentlichen Examens statt. Es sind insgesamt zwölf Übungsklausuren anzufertigen, wobei jedes Rechtsgebiet vier Klausuren umfasst (je zwei aus staatlicher und zwei aus anwaltlicher Sicht). Die Arbeiten werden korrigiert und ausführlich besprochen. Die Teilnahme am Probeexamen sowie an den Besprechungsterminen ist für alle Referendare Pflicht.

Klausurenexamen, wie es beide juristische Staatsexamen sind, vorzubereiten.

» *Zeitpunkt für den Beginn eines Klausurenkurses*

Oft erhalten wir per E-Mail die Frage, wann man denn optimalerweise mit dem regelmäßigen Schreiben der Klausuren bei Gericht bzw. eines kommerziellen Anbieters beginnen sollte. Wir empfehlen den Referendaren daraufhin stets, **sich mit Beginn der Verwaltungsstation* einen Anbieter zu suchen** und mit Schreiben von Klausuren zu beginnen.

Mit einem (kommerziellen) Klausurenkurs **schon früher** – also in der Strafrechtsstation oder gar in der Zivilrechtsstation – zu starten, **macht keinen Sinn**. Während der ersten beiden Stationen muss man zunächst den Aufbau zivilrechtlicher Urteile und Beschlüsse bzw. strafrechtlicher Anklage und Revision erlernen, bevor es einem überhaupt erst möglich ist, Übungsklausuren im Zivil- oder Strafrecht zu schreiben.

Beginnt man dagegen den Klausurenkurs am Anfang der Verwaltungsstation **hat man bereits das Rüstzeug**, um die Zivilrechts- und Strafrechtsklausuren zu schreiben. Der Klausurenkurs hilft in diesem Stadium sogar dabei, das bereits erlernte Wissen aus den ersten beiden Pflichtstationen **zu wiederholen und zu vertiefen**. Zudem kann man aber auch in diesem frühen Zeitpunkt bereits die verwaltungsrechtlichen Klausuren

Auch in Schleswig-Holstein wird für Referendare ein Probeexamen angeboten. Geschrieben werden acht Klausuren innerhalb von zwei Wochen – so wie im 2. Examen. Anders als in Berlin ist das Probeexamen in Schleswig-Holstein freiwillig.

* Dies gilt zumindest für die Länder, die die klassische Reihenfolge der Stationen vorsehen – die Verwaltungsstation also die dritte Pflichtstation ist und im 9. Monat nach Start des Vorbereitungsdienstes beginnt.

lösen und ggf. zur Korrektur einschicken. Denn anders als beispielsweise im Zivilrecht hat man sich mit dem **Aufbau von Zulässigkeit und Begründetheit einer Klage** im Öffentlichen Recht bereits im Studium auseinandergesetzt. In dieser Hinsicht kommt auf die Referendare in der Verwaltungsstation also nichts Neues zu. Und der **Aufbau verwaltungsgerichtlicher Urteile** bzw. Beschlüsse ähneln dem Aufbau der entsprechenden Entscheidungen des Zivilgerichts. Auch die **praktische Ausgestaltung der Klausurlösung** ist einem als Referendar bereits möglich, auch wenn die Verwaltungsstation gerade erst begonnen hat.

Erst nach der Verwaltungsstation einen kommerziellen Klausurenkurs zu buchen, ist dagegen zu spät. Unserer Ansicht nach besteht ein **Zusammenhang** zwischen der Anzahl der geschriebenen Übungsklausuren und dem möglichen Ergebnis im 2. Examen: Je mehr Klausuren man in der Examensvorbereitung schreibt, desto **größer ist die Wahrscheinlichkeit**, das Assessorexamen mit größtmöglichem Erfolg zu bestehen.

Tipp: Lösungen der Übungsklausuren stets ausformulieren

Viele Referendare gehen aus zeitlichen Gründen bzw. aus Bequemlichkeit dazu über, zwar einen kommerziellen Klausurenkurs zu buchen, aber lediglich die Fälle stichpunktartig zu lösen, statt die Falllösungen auszuformulieren. Davon raten wir aus zwei Gründen dringend ab:

Zum einen lernt man das im Examen so wichtige Zeitmanagement nur dann, wenn man auch jeden Satz, den man in einer Klausurlösung unterbringen möchte, auch ausformuliert. Erst so zeigt sich, ob man es tatsächlich schafft, eine vollständige Klausurlösung innerhalb der vorgesehenen fünf Stunden (lesbar) aufs Papier zu bringen.

Zum anderen macht man sich nur beim vollständigen Niederschreiben der Falllösung Gedanken über die Art der Formulierung jeden einzelnen Satzes. Wie eine Klausurlösung aber sprachlich abgefasst ist, ist sehr wichtig für die spätere Bewertung der Klausur!

» Anbieter kommerzieller Klausurenkurse

Gibt es am eigenen Gericht kein Angebot eines wöchentlichen Klausurenkurses, muss man auf die **Angebote der kommerziellen Repetitorien** in diesem Beriech zurückgreifen. An dieser Stelle möchten wir keine Empfehlung für einen bestimmten kommerziellen Klausurenkurs aussprechen. Denn jeder Referendar hat seine eigene Ansicht dazu, welcher Klausurenkurs besonders gut ist, durch examensrelevante Sachverhalte besticht und/oder eine realistische Benotung wie im 2. Examen aufweist. Vielmehr beschränken wir uns darauf, Dir **eine hilfreiche Übersicht mit allen Anbietern**[*] kommerzieller Klausurenkurse (in alphabetischer Reihenfolge) an die Hand zu geben.

Alpmann Schmidt (https://www.alpmann-schmidt.de)

- Fernklausurenkurs mit Erhalt der Klausuren wahlweise online oder per Postversand
- 1 Klausur wöchentlich – Zivilrecht / Strafrecht / Zivilrecht / Ö-Recht im Wechsel
- Zusätzliche Spezialklausuren (zB Arbeitsrecht, FamFG-Klausuren) zum Download
- Postversand: 30 Euro pro Monat ohne Korrektur bzw. 50 Euro[**] pro Monat mit Korrektur
- Online: 25 Euro pro Monat ohne Korrektur bzw. 40 Euro pro Monat mit Korrektur

* Für die Vollständigkeit der Liste der Anbieter können wir keine Gewähr übernehmen.

** Der Klausurenkurs zur Vorbereitung auf das 2. Staatsexamen in Bayern mit Postversand und Korrektur kostet abweichend davon 64 Euro.

- Optional eine landesrechtliche Ö-Rechts-Klausur aus dem 1. Examen für 4 Euro pro Monat zubuchbar
- Online-Klausurenkurs mit individueller Audio-Korrektur: 63 Euro pro Monat

Hemmer (https://www.assessorkurs-hemmer.de)

- Fernklausurenkurs zugeschnitten auf das gewünschte Bundesland**
- 1 Klausur wöchentlich – Zivilrecht / Strafrecht / Ö-Recht im Wechsel
- Ca. 60 - 75 Euro pro Monat (je nach Bundesland) mit Korrektur
- Berlin / Brandenburg 90 Euro pro Monat –inkl. Hemmer-Zeitschrift „Life&Law“

JurRum (https://www.jurrum.de)

- Fernklausurenkurs
- 4 Klausuren monatlich – Zivilrecht / Zwangsvollstreckungsrecht / Strafrecht / Ö-Recht im Wechsel
- 62 Euro pro Monat mit Korrektur zzgl. 6 Euro Versandkosten

Kaiserseminare (https://www.kaiserseminare.com)

- Klausurenkurs in Form von „Klausurenpaketen“
- Wahl eines vorgefertigten Klausurenpakets von fünf Klausuren: 100 Euro / individuelle Auswahl an Klausuren: 20 Euro pro Klausur

** Auf der Internetseite konnten wir für die Länder Mecklenburg-Vorpommern, Saarland, Sachsen, Sachsen-Anhalt und Thüringen keinen Klausurenkurs im Postversand entdecken.

- Versand der Klausur, das Einreichen der eigenen Klausurlösung sowie der Erhalt der anschließenden Korrektur erfolgen ausschließlich per E-Mail
- Keine Frist zum Einreichen der eigenen Lösung

Kern Repetitorium (http://www.kern-repetitorium.de)

- Fernklausurenkurs ausschließlich für die Ö-Rechts-Klausuren in Bayern
- Klausuren werden vierzehntägig gestellt
- 15 Euro pro Klausur inklusive Korrektur und Musterlösung

Kiss-Akademie (https://www.jura-rep.de)

- Fernklausurenkurs
- Online-Versand von jeweils 4 Klausuren pro Monat – Zivilrecht / Strafrecht / Zivilrecht / Ö-Recht im Wechsel
- 35 Euro pro Monat ohne Korrektur bzw. 70 Euro pro Monat mit Korrektur
- 5 Euro Aufpreis bei Versand der korrigierten Klausur per Post
- Es ist auch möglich eine einzelne Klausur für 25 Euro bzw. 10 Klausuren („10er-Karte") für 200 Euro zu buchen

Für den besseren Vergleich sämtlicher kommerzieller Klausurenkurse haben wir im Folgenden **die Eckdaten der Kurse** nochmals tabellarisch aufgeführt:

	Anzahl	**ohne Korrektur**	**mit Korrektur**
Alpmann Schmidt (Postversand)	1 Klausur wöchentlich	30 Euro	50 Euro Bayern: 59 Euro
Alpmann Schmidt (Online)	1 Klausur wöchentlich	25 Euro	40 Euro
Alpmann Schmidt (Audio-Korrektur)	1 Klausur wöchentlich	---	63 Euro
Hemmer (Preise je nach Bundesland unterschiedlich)	1 Klausur wöchentlich	---	ca. 60 - 75 Euro Berlin / Brbg: 90 Euro
JurRum	4 Klausuren monatlich	---	62 Euro
Kaiserseminare	Klausurenpaket mit je 5 Klausuren	---	100 Euro
Kern Repetitorium (Ö-Recht Bayern)	1 Klausur alle 14 Tage	---	15 Euro
Kiss-Akademie	4 Klausuren monatlich	35 Euro	70 Euro

19 Suche Dir rechtzeitig den für Dich passenden Ausbilder in der Anwaltsstation

Die Anwaltsstation kann klassisch bei einem **Einzelanwalt**, in einer **mittelständischen Kanzlei** oder der **Großkanzlei** absolviert werden. In der Anwaltsstation eröffnet sich für Dich somit ein mitunter völlig unterschiedlicher Alltag – je nachdem, bei welcher Ausbildungsstelle Du diese Station absolvierst. Doch welche Kanzleistruktur ist die beste für Dich und was sind die jeweiligen **Vor- und Nachteile**?

» Kleine bis mittelständische Kanzlei

In einer kleinen oder auch mittelständischen Kanzlei ist es Dir oftmals möglich, die **internen Abläufe**, vor allem in organisatorischer Hinsicht, **intensiv(er) kennenzulernen**. Wenn Du Dich anschließend sogar als Rechtsanwalt selbständig machen möchtest, können wir Dir nur empfehlen, entsprechende praktische Erfahrungen bei einer kleinen oder mittelständischen Kanzlei zu sammeln. Hier kannst Du Dir gute Ratschläge für **Deine eigene Selbständigkeit** holen oder auch für Dich feststellen, was Du vielleicht anders handhaben möchtest.

Anders als bei Großkanzleien wirst Du bei kleineren Kanzleien in der Regel mit keiner zusätzlichen Vergütung rechnen können; jedoch wirst Du das **klassische Berufsbild des Anwalts** näher kennenlernen, indem Du in der Regel Mandantengesprächen beisitzen oder gar selbst führen und eigenständig Gerichtstermine wahrnehmen kannst.

» Großkanzlei

Der Arbeitsalltag in einer Großkanzlei kann **deutlich zeitintensiver** sein als in kleineren Kanzleien. Gerade im gesellschaftsrechtlichen Bereich und an den attraktiven Standorten – wie zum Beispiel Düsseldorf, Hamburg oder Frankfurt am Main – kann es mitunter vorkommen, dass Du auch mal **bis spät abends** in der Kanzlei sitzen wirst. Die tägliche Regel sollte dies aber für die Anwaltsstation im Rahmen des Referendariats nicht sein, denn immerhin sind die Kanzleien auch darauf bedacht, nach wie vor für sich zu werben und sich auch gegenüber dem Referendar als **attraktiven Arbeitgeber** zu präsentieren.

Insbesondere wenn die Großkanzlei als Arbeitgeber nach dem 2. Examen bei Dir sowieso hoch im Kurs steht, solltest Du das Referendariat auch nutzen, um Einblicke in den Alltag und Ablauf einer derartigen Kanzlei zu erhalten.

Viele Großkanzleien organisieren zudem attraktive **zusätzliche Veranstaltungen**, bieten ein **internes Repetitorium** an und arbeiten mit bekannten Repetitoren zusammen, um ihre Referendare für das Examen fit zu machen. Kanzleien wie Allen & Overy, Clifford Chance, Noerr, CMS Hasche Sigle, Linklaters, Taylor Wessing, Latham & Watkins und Shearman & Sterling arbeiten bereits seit Jahren mit den bekannten **„Kaiserseminaren“** zusammen. Auf der Webseite der Kaiserseminare findest Du alle aktuellen Kooperationspartner.

» Bewerbungsvoraussetzungen beachten

Auch wenn Du die Anwaltsstation wirklich gerne bei einer Großkanzlei absolvieren möchtest: Im Hinblick auf die **Notenanforderungen** solltest Du Dich natürlich zunächst damit befassen, ob Du von Deinen bisherigen

Leistungen für eine Station bei einer Großkanzlei überhaupt als Referendar in Frage kommst. Es braucht zwar nicht das vielbeschworene Prädikat im 1. Examen, um seine Anwaltsstation bei einer Großkanzlei zu absolvieren. Dennoch solltest Du **zumindest ein solides befriedigendes Examenszeugnis** vorweisen können. Weitere Zusatzqualifikationen, wie ein LL.M. oder ein Doktortitel, sind – wie auch beim späteren Berufseinstieg – natürlich gerne gesehen, aber kein zwingendes Muss.

» Zusätzliche Vergütung

Einen Einblick in die Großkanzlei zu bekommen, kann für Dich zudem nicht nur in fachlicher, sondern auch **in wirtschaftlicher Hinsicht** attraktiv sein. In der Regel kannst Du von einer zusätzlichen Vergütung ausgehen, die Dir je nach Anwesenheitstagen und Höhe pro Wochenarbeitstag im Monat schnell **einen vierstelligen Betrag** zusätzlich zur Unterhaltsbeihilfe einbringen kann.

Die Spanne der **Vergütungshöhe** der Kanzleien reicht dabei laut einer Azur-Umfrage* von 100 bis zu 1.500 Euro pro Wochenarbeitstag.

	Monatsgehalt pro „Wochenarbeitstag“ (brutto)
Milbank	1.500 Euro
Allen & Overy	866 Euro (max.)
Linklaters	800 Euro

* Die ausführliche Liste findest Du auf https://www.azur-online.de/geld unter „Referendare in Kanzleien“.

DLA Piper	800 Euro
Taylor Wessing	850 bis 1.100 Euro
Hogan Lovells	800 Euro
Osborne Clarke	750 Euro
Luther	650 Euro
Deloitte Legal	300 Euro

Der Begriff „**Wochenarbeitstag**" ruft bei vielen Referendaren zunächst ein Fragezeichen hervor, dabei ist es gar nicht so schwierig: Ein Wochenarbeitstag bedeutet, dass Du im Monat jeweils einen Tag in der Woche in der Kanzlei verbringst, beispielsweise jeden Mittwoch. Zahlt die Kanzlei 700 Euro pro Wochenarbeitstag erhältst Du somit am Monatsende 700 Euro. Verbringst Du pro Monat zwei Tage in der Woche in der Kanzlei, dann arbeitest Du zwei Wochenarbeitstage und erhältst am Monatsende entsprechend 1.400 Euro, bei drei Wochenarbeitstagen sind es folglich 2.100 Euro. **In einzelnen Sozietäten** winken somit bei vier Wochenarbeitstagen und einem Gehalt von 1.000 Euro pro Wochenarbeitstag bis zu 4.000 Euro im Monat.

Lass Dich jedoch nicht zu sehr von dem Geld blenden: Die Anwaltsstation ist **die letzte Station vor den Klausuren**. Oberste Priorität sollte daher sein, noch ausreichend Zeit für eine optimale Examensvorbereitung und etwas Freizeit zu haben. Zum Geld verdienen wirst Du nach dem 2. Examen noch jahrelang ausreichend Zeit haben.

» Zuverdienstgrenze beachten

Beachten solltest Du zudem, ob und in welcher Höhe in Deinem Bundesland die **Zuverdienstgrenze für eine zusätzliche Vergütung** besteht, denn mehrere Bundesländer schränken den Zuverdienst zumindest formal stärker ein; einige Bundesländer rechnen eine zusätzliche Vergütung ab einer bestimmten Höhe auf die Unterhaltsbeihilfe an.

Kein Zuverdienst für Referendare aus Hamburg und Hessen

Referendaren in Hamburg und Hessen ist es überhaupt nicht mehr erlaubt, eine zusätzliche Stationsvergütung anzunehmen. Die zuständigen Referendarabteilungen setzen dieses Verbot der Stationsvergütung durch, indem sie vom Referendar eine Erklärung verlangen, von der Kanzlei während der Anwaltsstation keine Vergütung zu erhalten. Fügt der Referendar eine solche Erklärung seinem Zuweisungswunsch nicht bei, unterbleibt einfach die Zuweisung durch die Referendarabteilung.

Hintergrund dieser Praxis ist eine Entscheidung des Bundessozialgerichts aus dem Jahr 2015 (Urt. v. 31.03.2015 – Az.: B 12 R 1/13 R): Das BSG hatte festgestellt, dass die Sozialversicherungsbeiträge für solche Zusatzeinkommen von der Beschäftigungsbehörde des Rechtsreferendars zu entrichten sind. Das Land müsste also mitbezahlen, wenn sich Ausbildungskanzlei und Referendar auf eine zusätzliche Vergütung während der Station einigen.

Tipp: Trotz dieses Verbots bleibt es dennoch möglich, in der Anwaltsstation zusätzlich vergütet zu werden. Voraussetzung dafür ist, dass die Kanzlei und der Referendar offiziell einen Vertrag über eine stationsbegleitende Nebentätigkeit schließen und der Referendar hierüber die Vergütung erhält. Denk hierbei jedoch daran, die Aufnahme einer Nebentätigkeit – je nach Bundesland – Deinem OLG rechtzeitig anzuzeigen bzw. Dir genehmigen zu lassen.

» Rechtsabteilung eines Unternehmens

Auch die **Rechtsabteilung eines Unternehmens** bietet sich in vielen Bundesländern als Ausbildungsstelle für die Anwaltsstation an. Neben spannenden Einblicken in das jeweilige Unternehmen kannst Du auch hier häufig mit einer **zusätzlichen Vergütung** rechnen.

Laut Azur* zahlen Unternehmen und Beratungsgesellschaften aktuell die folgenden **Gehälter** an ihre Referendare:

	Max. Gehalt pro Monat (brutto)
Google	3.125 Euro
Deutsche Bank	1.650 Euro
Audi	1.473 Euro
BMW	1.450 Euro
Bayer	1.000 Euro
McDonald's	1.000 Euro
Siemens	1.000 Euro
Deutsche Bahn	1.000 Euro
ProSiebenSat1. Media	700 Euro

* Die ausführliche Liste findest Du auf https://www.azur-online.de/geld unter „Referendare in Unternehmen und Beratungsgesellschaften".

Wichtig zu wissen ist in diesem Zusammenhang, dass man **nicht die gesamte Anwaltsstation** bei einem Unternehmen verbringen kann. Vielmehr ist in nahezu allen Juristenausbildungsgesetzen vorgesehen, dass die Zuweisung zur Rechtsabteilung eines Unternehmens auf einen Zeitraum von **drei Monaten** beschränkt ist.

So lautet beispielsweise § 35 *Abs. 4 JAG NRW*:

„Die Ausbildung nach Absatz 2 Satz 1 Nr. 4 kann bis zu drei Monate bei einer Notarin oder einem Notar, einem Unternehmen, einem Verband oder bei einer sonstigen Ausbildungsstelle stattfinden, bei der eine sachgerechte rechtsberatende Ausbildung gewährleistet ist."

Eine Ausnahme besteht allerdings für Referendare **in Baden-Württemberg**. In Baden-Württemberg müssen zwei jeweils viereinhalbmonatige Rechtsanwaltsstationen absolviert werden. Dabei darf die Pflichtstation Rechtsanwalt II seit kurzem auch **vollständig in einem Unternehmen** abgeleistet werden (siehe die Verwaltungsvorschrift des Justizministeriums über die Ausbildung der Rechtsreferendarinnen und -referendare vom 1. März 2020, Az.: 2220L/0142 unter Ziffer 2.3.3).

20 Nutze die Möglichkeiten der Wahlstation

In jedem Bundesland schließt das Referendariat mit der Wahlstation ab. Ob bei einer Kanzlei, bei einem Unternehmen oder dem Öffentlichen Dienst, ob im Inland oder im Ausland: die Wahlstation eignet sich hervorragend, um einen **Einblick in das Berufsbild zu bekommen**, welches Dir und Deinen Interessen am meisten zusagt.

Die **Dauer der Wahlstation** beträgt in fast allen Bundesländern drei Monate. Lediglich in Niedersachsen ist sie auf vier Monate angelegt.

» Blick auf die spätere Berufswahl

Natürlich musst Du die Wahlstation **nicht zwingend** bereits auf Deine spätere Berufswahl ausrichten. Es kann durchaus interessant sein, Einblicke in einen Bereich zu bekommen, der Dich interessiert, von dem Du aber annimmst, dass er beruflich für Dich (aus welchen Gründen auch immer) nicht realisierbar sein wird – beispielsweise eine Station im Ausland.

Wenn Du allerdings ein konkretes Berufsfeld oder einen **bestimmten Arbeitgeber** im Auge hast und Dir bereits sicher bist, dass Du nach dem 2. Examen beispielsweise gerne in die Justiz gehen oder in einer Großkanzlei einsteigen möchtest, dann solltest Du die Wahlstation auch **auf diesen Berufswunsch ausrichten**. Andernfalls kann es Dir passieren, dass Du Dich beispielsweise im Vorstellungsgespräch bei BMW fragen lassen musst, wieso Du meinst, der richtige Bewerber für diese Stelle zu sein, wenn Du die Möglichkeit nicht genutzt hast, Dir im Rahmen der Wahlstation einen Eindruck von der Rechtsabteilung eines Unternehmens zu verschaffen.

» Achte auf mögliche Bewerbungsfristen

Bei begehrten Stationen, zB in großen Unternehmen, Ministerien oder auch im Ausland, sind mitunter Bewerbungsfristen zu beachten, sodass Du Dir **frühzeitig alle relevanten Informationen** für eine Bewerbung zusammensuchen solltest. Dies kannst Du bereits zu Beginn der ersten Station im Referendariat machen.

Neben der Wahlstation ist es in vielen Bundesländern übrigens auch möglich, die Verwaltungsstation oder einen Teil der Anwaltsstation im Ausland zu absolvieren. Bei einem geplanten **Auslandsaufenthalt** spricht jedoch **für die Wahlstation**, dass Du – neben der Möglichkeit Trennungsgeld zu beziehen – das schriftliche Examen bereits absolviert hast. Du kannst somit **deutlich entspannter** an die Station herangehen und die Zeit im Ausland mehr genießen, als wenn Du noch vor dem schriftlichen Examen stehst.

Der frühe Vogel...

Setze Dich lieber zu früh als zu spät mit der Wahlstation auseinander, damit Du nicht Gefahr läufst, dass die begehrten Stationen bereits vergeben sind oder Du Bewerbungsfristen verpasst hast.

So ist beispielsweise die Bewerbungsfrist für eine Station im Ausland über das Auswärtige Amt folgendermaßen ausgestaltet: Die Bewerbungsunterlagen sollen nicht früher als ein Jahr vor der geplanten Station, müssen jedoch spätestens sieben Monate vor Antritt der Station vorliegen. Wenn Deine Wahlstation zum 1. Juni beginnt, endet die Bewerbungsfrist für Dich somit bereits am 31. Oktober des Vorjahres.

Eine Ausbildungsstelle wirst Du natürlich immer auch bei später Suche kurz vor der Station noch finden. Es wäre allerdings mehr als ärgerlich, wenn Du die Wahlstation in einem Bereich absolvieren musst, der Dir eigentlich gar **nicht so wirklich zusagt**. Denn gerade diese letzte Station im Referendariat bietet Dir einen **großen Spielraum**, den Du ausnutzen solltest.

» Weitere Beschränkungen bei der Stationssuche und Auswirkungen auf den Aktenvortrag

Klären solltest Du – insbesondere bei Stationen im Ausland – ob und welche **Vorgaben es für die Wahlstation in Deinem Bundesland** gibt. So verlangen einige Bundesländer, dass der Ausbilder beispielsweise ein Volljurist sein muss. Wenn zudem die Verwaltungsstation in Speyer* absolviert wurde, kann es – wie in Niedersachsen – der Fall sein, dass Du die Wahlstation **zwingend** bei einer Ausbildungsstelle im Öffentlichen Recht absolvieren musst.

Weiterhin kann das Rechtsgebiet, in dem Du Deine Wahlstation absolvierst, **an den Aktenvortrag in der mündlichen Prüfung gekoppelt** sein, wie es beispielsweise in Niedersachsen der Fall ist: Die Wahlstation bei einer zivilrechtlich ausgerichteten Kanzlei hat somit zur Folge, dass Du den Aktenvortrag in der mündlichen Prüfung auch im Zivilrecht halten musst. All dies solltest Du vorab in Erfahrung bringen und **bei Deinen Überlegungen berücksichtigen**. Eine Wahlstation bei der Europäischen Kommission wird sicherlich sehr spannend sein. Wenn dies aber der einzige Antriebsmotor ist und Dir Europarecht an sich überhaupt nicht liegt, könnte es sich als keine gute Entscheidung erweisen, wenn Du in der

* Es ist bei Rechtsreferendaren durchaus beliebt, die Verwaltungsstation an der Deutschen Universität für Verwaltungswissenschaften in Speyer zu verbringen und dort ein verwaltungswissenschaftliches Ergänzungsstudium zu absolvieren. Dieses Ergänzungsstudium in Speyer wird gerne auch als „Speyer-Semester“ bezeichnet. Ausführliche Informationen hierzu findest Du auf unserer Übersichtsseite https://www.juristenkoffer.de/rechtsreferendariat/speyer-semester/.

mündlichen Prüfung einen Aktenvortrag halten musst, dem eine europarechtliche Fallgestaltung zugrunde liegt.

» Vorbereitungszeit für die mündliche Prüfung

Darüber hinaus solltest Du bei Deinen Überlegungen auch berücksichtigen, dass im Anschluss an die Wahlstation **die mündliche Prüfung** folgt. Sofern Du Deine Station auswärtig absolvierst, wirst Du an einer angebotenen AG vor Ort nicht teilnehmen können (und auch nicht müssen). Damit entfällt aber gegebenenfalls auch das Üben von Aktenvorträgen für Dich, sodass Du Dich diesbezüglich **selbst organisieren** musst. Du solltest Dir also genau überlegen, wie und wann Du Dich ausreichend auf die mündliche Prüfung vorbereiten kannst. Viele Referendare beginnen mit dem richtigen Lernen für die mündliche Prüfung erst, wenn die Ergebnisse der Klausuren eingetroffen sind. Je nach Bundesland steht Dir dabei mehr oder weniger Zeit bis zur mündlichen Prüfung zur Verfügung.

Unterschiedlich lange Vorbereitungszeit je nach Bundesland

Während Referendaren in NRW nach der Wahlstation noch ein Monat zum Lernen für die mündliche Prüfung zur Verfügung steht, da die mündlichen Prüfungen im 5. Monat nach den Klausuren stattfinden, müssen Referendare in Niedersachsen damit rechnen, direkt eine Woche nach der Wahlstation in die mündliche Prüfung zu müssen, da sich der Prüfungsmonat nahtlos an die Wahlstation anschließt.

Referendare in Niedersachsen sollten somit darüber nachdenken sich etwas **Erholungsurlaub aufzusparen** und diesen gegebenenfalls am Ende der Wahlstation zu nehmen, um bei einem Auslandsaufenthalt etwas früher als erst mit Stationsende in die Heimat zurückzukehren. Bei entsprechender Mitteilung versucht das Prüfungsamt allerdings auch, Referendare mit Auslandsaufenthalt **für eine spätere mündliche Prüfung** gegen Monatsende zu berücksichtigen, anstatt ihnen direkt eine der ersten Prüfungen zuzuweisen.

Tipp: Antrag auf einen „späten" Prüfungstermin stellen

Sollte auch in Deinem Bundesland der Übergang von der Wahlstation zum Prüfungsmonat nahtlos erfolgen, dann informiere Dich frühzeitig bei Deinem Prüfungsamt, ob bei Auslandsstationen die Möglichkeit besteht, für eine spätere mündliche Prüfung im Durchgang berücksichtigt zu werden.

Es ist somit äußerst wichtig, dass Du Dir über eine Vielzahl von Aspekten Gedanken machst und Dich entsprechend organisierst, um am Ende guten Gewissens sagen zu können, dass Deine Wahlstation am Ende auch **die richtige Wahl für Dich** war.

Abschnitt 3

» Tipps & Hinweise zur Examensvorbereitung, das schriftliche Examen und die mündliche Prüfung

21 Tipps für die Wahl eines Repetitoriums für die Vorbereitung auf das 2. Examen

Wir bekommen oft Anfragen, ob es empfehlenswert ist, **für die Vorbereitung auf das 2. Examen** ein Repetitorium zu besuchen. Ist es für das 1. Examen überwiegend der Regelfall, ein kommerzielles oder universitäres Repetitorium zu besuchen, so scheiden sich für das 2. Examen in dieser Hinsicht die Geister. Statistisch betrachtet besuchen **weitaus weniger Referendare** zur Vorbereitung auf das 2. Examen ein wöchentliches Repetitorium als es noch für das 1. Examen bei dem Großteil aller Studenten der Fall ist.

» Kürzere Vorbereitungszeit bis zu den Klausuren

Dass ein Repetitorium für viele Studenten bei der Vorbereitung auf das 1. Examen auf jeden Fall dazugehört, sie es sich für das 2. Examen aber eher zweimal überlegen, mag insbesondere daran liegen, dass die Zeit im Referendariat schon für sich **sehr knapp bemessen** ist und **schnell vergeht**. Die Stationen wechseln häufig und man ist bereits durch das Referendariat mit der Arbeitsgemeinschaft und der Ausbildung in der Station ausgelasteter als vor dem 1. Examen, wo man sich noch voll und ganz der Examensvorbereitung widmen konnte.

» Unterschiedliche Lerntypen

Bei allen kommerziellen Anbietern gilt, dass jeder Referendar sich **nicht dem Gruppenzwang** hingeben sollte, sondern – insbesondere aufgrund der sowieso knapp bemessenen Zeit – selbst einschätzen muss, was ihm den effektivsten Nutzen bringt. Wie bereits für das 1. Examen geben die

Dozenten keine Geheimnisse bekannt, an die man andernfalls nicht gelangen würde. Während es für die meisten Studenten zur Vorbereitung auf das 1. Examen noch sinnvoll ist, an die Hand genommen zu werden, um richtige Schwerpunkte zu setzen, weiß man **durch die Arbeitsgemeinschaften** und den gesamten Ablauf im Referendariat recht genau, was für das 2. Examen von einem erwartet wird.

> **Der Besuch eines Repetitoriums muss sinnvoll sein**
>
> Wir raten dringend davon ab, an einem Repetitorium lediglich „zur Gewissensberuhigung“ teilzunehmen. Dafür ist der zeitliche und finanzielle Aufwand – gerade bei einem Präsenz-Repetitorium – viel zu hoch.

Entscheidend ist somit, was für ein Lerntyp Du bist. Wenn Du ein **auditiver Lerntyp** bist, also Dir Zuhören am besten hilft, um den Stoff zu verstehen, dann ist ein Repetitorium für Dich wahrscheinlich eine sinnvolle Investition. Bist Du hingegen eher der **visuelle Lerntyp**, bei dem Dich das Selbststudium von Büchern und Skripten schneller zum Erfolg bringt, dann kann es sein, dass Du außer dem oben angesprochenen guten Gewissen („man war immerhin bei einem Repetitorium“) keinen weiteren Nutzen aus einem Repetitorium ziehst. Für **kommunikative Lerntypen** bietet sich vor allem an, mit anderen Referendaren eine Lerngruppe zu gründen, in der sich regelmäßig mit dem aktuellen Stoff aus der AG befasst wird und ein gegenseitiges Abfragen sowie das Lösen von Klausuren stattfindet.

» Unterschiedliche Kursprogramme

Wenn Du Dich für ein kommerzielles Repetitorium interessierst, hast Du die Qual der Wahl, denn es gibt **verschiedene Möglichkeiten**, den Examensstoff vermittelt zu bekommen: in wöchentlichen Kursen, in Wochenendseminaren bzw. Crashkursen oder auch durch ein reines Online-Repetitorium.

(1) Wöchentliche Kurse

Zur Vorbereitung auf das 2. Examen findet das Repetitorium vieler kommerzieller Anbieter **wöchentlich abends** statt. Der Stundenumfang ist dabei deutlich geringer als bei den Kursen für das 1. Examen. Anbieter wöchentlicher Präsenzkurse für das 2. Examen sind unter anderem Alpmann Schmidt, Hemmer, Kern Repetitorium und die KissAkademie.

Bei wöchentlichen Kursen musst Du für Dich entscheiden, ob und wie aufnahmefähig Du nach einem AG-Tag oder einem Tag bei Deinem Ausbilder noch bist und ob Du somit wirklich **einen Nutzen aus dem Repetitorium** ziehen kannst. Entscheidend kann auch sein, wie zufrieden Du mit Deiner AG bist. Wenn Du das Gefühl hast, dort gut mitzukommen und die Wissensvermittlung **zusammen mit der eigenen Vor- und Nachbearbeitung** ausreicht, dann wird Dir ein Repetitorium unter der Woche keinen großartigen Gewinn mehr bringen.

Solltest Du Interesse an einem Repetitorium haben, solltest Du bei dem Anbieter Deiner Wahl den Kurs auf jeden Fall **vorab einmal zur Probe hören** und dann für Dich entscheiden, wie effektiv und gewinnbringend ein wöchentliches Repetitorium neben der Belastung im Referendariat für Dich ist.

(2) Wochenendseminare bzw. Crashkurse

Eine Alternative zu wöchentlichen Kursen stellen **Wochenendseminare** dar. Solltest Du Schwächen in einem bestimmten Themengebiet, beispielsweise im Zwangsvollstreckungsrecht haben, kann es sinnvoll sein, hierfür ein Wochenende aufzubringen und ein Seminar zu diesem Thema zu belegen. Neben den bereits genannten Anbietern für wöchentliche Kurse, die fast allesamt neben ihren Wochenkursen auch Crashkurse anbieten, sind insbesondere die **Kaiserseminare** bei Referendaren sehr beliebt. In regelmäßigen Abständen und flächendeckend in Deutschland verteilt, findet sicherlich ein Seminar auch in Deiner Nähe statt.

(3) Online-Repetitorium

Eine Alternative zum klassischen Präsenzunterricht in einem Kursraum stellt das Online-Repetitorium dar. Ein Online-Repetitorium ermöglicht Dir, Dich **zeitlich flexibel** und **strukturiert** auf das Examen vorzubereiten. Ein Einstieg ist zeitlich jederzeit möglich. Anbieter auf diesem Markt sind zB Lecturio, Jura Online oder JURACADEMY.

» Den Grundstein für ein erfolgreiches Examen legst Du selbst

Für das 2. Examen ist es immens wichtig, dass Du die unterschiedlichen Klausuranforderungen beherrscht. Wir empfehlen Dir hierfür, **so viele Übungsklausuren wie nur möglich** zu schreiben. So hilfreich und unterstützend ein Repetitorium zur Erfassung der Materie auch sein kann, wird es Dir diese Aufgabe jedoch nicht abnehmen können.

Es liegt somit immer noch an Dir, den inneren Schweinehund zu besiegen und vor allem das Klausuren schreiben zu trainieren.

22 Das schriftliche Examen ist keine Glückssache

Eine Sache ist uns wichtig klarzustellen: Das schriftliche Examen ist – anders als von vielen Referendaren behauptet – keine Glückssache!

Hierzu muss man sich nur mal verdeutlichen, wie viele Stunden man mit dem Schreiben der Klausuren im 2. Examen verbringt. In NRW schreibt man beispielsweise **acht Klausuren innerhalb von je fünf Stunden**. Insgesamt schreibt man also 40 Stunden lang Klausuren. Wer möchte ernsthaft behaupten, dass das Gesamtergebnis der Klausuren, das sich nach dieser langen Zeit ergibt, etwas mit Glück oder Pech zu tun hat? Dass man mal bei einer oder zwei Klausuren **einen schlechten Tag erwischen kann** oder dem Referendar bei einer oder zwei Klausuren **das rechtliche Thema nicht liegt**, kann immer vorkommen. Aber selbst wenn das der Fall ist, werden diese zwei Klausuren von sechs weiteren Klausurnoten ausgeglichen. Der Klausurschnitt aus allen acht Klausuren wird also durch zwei schlechte Klausuren **nicht dermaßen beeinträchtigt**, dass man zu dem Ergebnis gelangen könnte, das schriftliche Examen sei reine Glückssache.

	Anzahl und Art der Klausuren	**Schreibzeit**
Baden-Württemberg	4 x Zivilrecht / 2 x Strafrecht / 2 x Ö-Recht	40 Std.
Bayern	4 x Zivilrecht / 2 x Strafrecht / 3 x Ö-Recht	45 Std.

Berlin/Brandenburg	2 x Zivilrecht / 2 x Strafrecht / 2 x Ö-Recht / 1 x Wahl	35 Std.
Bremen/Hamburg/ Schleswig-Holstein	4 x Zivilrecht / 2 x Strafrecht / 2 x Ö-Recht	40 Std.
Hessen	4 x Zivilrecht / 2 x Strafrecht / 2 x Ö-Recht	40 Std.
Mecklenburg-Vorpommern	4 x Zivilrecht / 2 x Strafrecht / 2 x Ö-Recht	40 Std.
Niedersachsen	4 x Zivilrecht / 1 x Strafrecht / 2 x Ö-Recht / 1 x Wahl	40 Std.
NRW	4 x Zivilrecht / 2 x Strafrecht / 2 x Ö-Recht	40 Std.
Rheinland-Pfalz	4 x Zivilrecht / 2 x Strafrecht / 2 x Ö-Recht	40 Std.
Saarland	3 x Zivilrecht / 1 x Strafrecht / 2 x Ö-Recht / 1 x Wahl	35 Std.
Sachsen	4 x Zivilrecht / 2 x Strafrecht / 2 x Ö-Recht	40 Std.
Sachsen-Anhalt	2 x Zivilrecht / 2 x Strafrecht / 2 x Ö-Recht / 2 x Wahl	40 Std.
Thüringen	3 x Zivilrecht / 2 x Strafrecht / 2 x Ö-Recht / 1 x Wahl	40 Std.

Im Übrigen wird die These, das Ergebnis der Klausuren im 2. Examen sei reine Glückssache, regelmäßig von den Referendaren aufgestellt, die in den Klausuren **eher unterdurchschnittlich abgeschnitten** haben.

» Laune des Korrektors hat keinen Einfluss

Auch die angebliche **„Tagesform" eines Korrektors** fällt bei acht zu schreibenden und zu bewertenden Klausuren nicht ins Gewicht. Wenn es denn überhaupt so etwas wie eine Laune des Korrektors gibt, die das Ergebnis der zu korrigierenden Klausur beeinflusst, ist es doch überaus unwahrscheinlich, dass sämtliche Klausuren eines Referendars nur von Korrektoren mit schlechter Laune bewertet wurden.

Die These, das Examen sei eh Glückssache – was zugleich suggeriert, man habe es gar nicht selbst in der Hand, wie man letztlich abschneidet –, sollte man einfach **ignorieren und für sich selbst nicht übernehmen**. Denn das Gegenteil ist der Fall: Man selbst hat es in der Hand, durch zielgerichtetes und intensives Lernen zu einem guten Ergebnis im 2. Examen zu kommen.

» Das schriftliche Examen ermittelt nicht den besten Juristen

Richtig ist allerdings, dass das Ergebnis der Klausuren im 2. Examen nicht zwingend darüber etwas aussagt, ob jemand ein guter Jurist ist. Vielmehr wird durch das schriftliche Examen lediglich geprüft, ob man **unter enormen Zeitdruck** in der Lage ist, einen Sachverhalt juristisch zu bewerten sowie eine praktische Ausfertigung der juristischen Prüfung des Sachverhalts zu formulieren und zu Papier zu bringen. Das 2. Examen ermittelt also lediglich die Juristen, die **in kürzester Zeit eine gute juristische Klausur** schreiben können.

» Wichtige Schlussfolgerungen

Aus dem zuvor Gesagten muss man zwei Schlussfolgerungen ziehen: Erstens hat man es **selbst in der Hand**, durch zielgerichtetes und intensives Lernen zu einem guten Ergebnis im 2. Examen zu kommen. Und zweitens muss man sein gesamtes Referendariat darauf ausrichten, **das Schreiben von Klausuren** innerhalb eines engen Zeitrahmens zu erlernen. Konkret bedeutet dies:

- Hauptaugenmerk ist auf das Schreiben **möglichst vieler Übungsklausuren** bei Gericht oder ggf. im Rahmen eines kommerziellen Klausurenkurses zu legen.
- Dabei empfiehlt es sich, den **im Examen aufkommenden Zeitdruck** auch bei den Übungsklausuren zu simulieren.
- Es ist die Aufgabe des Referendars, den **Aufbau, den Inhalt sowie die Sprache praktischer Entwürfe** (wie Urteil oder Anklage) zu erlernen.
- Schließlich muss man sich als Referendar **die juristischen Grundlagen** für das Begutachten von Sachverhalten (also das materielle Recht sowie das Prozessrecht) aneignen und wiederholen.

» Tagesform allenfalls bei mündlicher Prüfung relevant

Wenn man schon im Zusammenhang mit Prüfungsleistungen im 2. Examen die Begriffe „Glück“ bzw. „Pech“ verwenden möchte, dann ist es sinnvoll, dies bei der **mündlichen Prüfung** zu machen. Denn die Note der mündlichen Prüfung setzt sich – anders als im schriftlichen Examen – nur aus den **Leistungen des Referendars an einem einzigen Tag** zusammen. Der Begriff „Tagesform“ hat also im Rahmen der mündlichen Prüfung mit Sicherheit seine Berechtigung.

Zudem entscheidet die **Zusammensetzung der Prüfungskommission** maßgeblich darüber, wie man in der Prüfung selbst und somit im gesamten 2. Examen abschneidet. Denn bekanntermaßen ist der Wille der Prüfer, viele Punkte in der mündlichen Prüfung zu vergeben, unterschiedlich ausgeprägt. Auch spielt die „**Vornotenorientiertheit**" und die „**Protokollfestigkeit**" der Prüfer eine sehr wichtige Rolle. Es lässt sich sicherlich festhalten, dass ein und dieselbe Leistung des Prüflings bei verschiedenen Prüfern zu teils erheblich unterschiedlichen Bewertungen führen wird, auch wenn dies eigentlich so nicht sein dürfte.

23 Triff die Entscheidung zu einer Wahlklausur im 2. Examen mit Bedacht

In **vier von 16 Bundesländern** wird im 2. Examen eine sogenannte Wahlklausur gestellt. Bei dieser Klausur musst Du Dich vorab festlegen, aus welchem Bereich Du eine Aufgabenstellung erhalten möchtest. Die Wahlklausur gibt Dir somit die Möglichkeit, einen gewissen **Einfluss auf eine Klausur im 2. Examen** zu nehmen. Die Vorgaben dazu gibt das jeweilige Prüfungsamt.

Bundesländer, in denen Wahlklausuren gestellt werden, sind Berlin, Brandenburg, Niedersachsen und das Saarland. In **Berlin und Brandenburg** erhalten Referendare die Wahlklausur aus dem von ihnen bevorzugten Rechtsgebiet (Zivilrecht, Strafrecht, Öffentliches Recht). In **Niedersachsen** können Referendare zwischen dem Öffentlichen Recht (verwaltungsfachliche Klausur) und dem Strafrecht (staatsanwaltschaftliche Klausur) wählen. Im **Saarland** haben Referendare bei einer Klausur die Wahl zwischen einer zivilrechtlichen oder einer öffentlich-rechtlichen Fallgestaltung.

Keine „echte" Wahlklausur in Thüringen und Sachsen-Anhalt

Auch in Thüringen und Sachsen-Anhalt erhalten Referendare zwar eine bzw. zwei Klausuren wechselnden Klausurtyps in jedem Examensdurchgang: In Thüringen liegt gemäß *§ 47 Abs. 2 Nr. 4 ThürJAPO* eine Klausur einem der drei Rechtsgebiete (Zivilrecht, Strafrecht, Öffentliches Recht) zugrunde. Und in Sachsen-Anhalt werden gemäß *§ 47 Abs. 3 Nr. 4 JAPrVO* zwei Klausuren mit anwaltlicher Aufgabenstellung aus einem der drei Rechtsgebiete gestellt.

Es handelt sich in Thüringen und Sachsen-Anhalt aber nicht um „echte“ Wahlklausuren, da die Entscheidung, aus welchem Rechtsgebiet letztlich die genannten Klausuren stammen, allein dem Justizprüfungsamt des Landes obliegt. Der Referendar selbst hat keinen Einfluss auf das Rechtsgebiet dieser „Wahlklausuren“.

» Das Rechtsgebiet der Wahlklausur

Solltest Du Dein Referendariat **in einem Bundesland mit Wahlklausur** absolvieren, stellt sich die Frage, aus welchem Rechtsgebiet Du diese anfertigen willst. Der Zeitpunkt, zu dem man sich für das Rechtsgebiet der Wahlklausur festlegen muss, ist dabei manchmal schon recht früh gelegt. In Niedersachsen sollen Referendare beispielsweise **zum Ende der Verwaltungsstation entscheiden**, ob sie die Wahlklausur im Strafrecht oder im Öffentlichen Recht anfertigen wollen. Die Entscheidung für oder gegen ein Rechtsgebiet kann somit einiges Kopfzerbrechen bereiten.

» Der Blick auf die Statistik

Bei der Entscheidungsfindung kann man natürlich zunächst einen Blick auf die **Jahresberichte der Justizprüfungsämter** werfen.* Allerdings sollte dem nicht allzu große Bedeutung beigemessen werden, denn die Unterschiede sind gering, wie sich am Beispiel von Niedersachsen zeigt. Zwar wählen **deutlich mehr Referendare die öffentlich-rechtliche** statt der strafrechtlichen Wahlklausur. Die durchschnittliche Bewertung

* Nahezu jedes Bundesland veröffentlich online Jahresberichte zu den Ergebnissen der juristischen Staatsprüfungen. Links zu den Jahresberichten finden sich regelmäßig auf den Seiten der Justizprüfungsämter.

der Wahlklausuren rechtfertigt es aber nicht, sich allein deshalb für das eine oder andere Rechtsgebiet zu entscheiden:

	Wahlklausur Strafrecht	**Wahlklausur Öffentliches Recht**
2020	171 Referendare (3,69 %) Durchschnitt: 5,97 Punkte	408 Referendare (8,81 %) Durchschnitt: 6,31 Punkte
2019	209 Referendare (4,28 %) Durchschnitt: 6,23 Punkte	401 Referendare (8,22 %) Durchschnitt: 6,06 Punkte
2018	175 Referendare (4,34 %) Durchschnitt: 5,35 Punkte	329 Referendare (8,16 %) Durchschnitt: 6,55 Punkte

So haben sich **beispielsweise im Jahr 2020** hinsichtlich der Wahlklausur 408 Referendare für das Anfertigen einer Klausur aus dem Öffentlichen Recht entschieden. Nur 171 Referendare haben der staatsanwaltschaftlichen Aufgabenstellung den Vorzug zu geben. Die Statistik zeigt, dass sich in den vergangenen Jahren im prozentualen Verhältnis **immer weniger Referendare in Niedersachsen** für die Wahlklausur aus dem Strafrecht entschieden haben.

Aus den Statistiken solltest Du jedoch nicht die Erkenntnis ziehen, dass die Wahlklausur in dem einen Rechtsgebiet immer deutlich besser ausfällt als in dem anderen Rechtsgebiet. In beiden Wahlklausuren reichte die konkrete **Punktspanne von „ungenügend" bis „sehr gut"**. So wurden im Jahr 2019 zwei Wahlklausuren mit der Note „sehr gut" bewertet; und diese wurden sowohl **im Strafrecht als auch im Öffentlichen Recht** angefertigt. Im Durchschnitt fiel die Wahlklausur im Strafrecht im Jahr 2019 sogar besser aus als die Wahlklausur im Öffentlichen Recht und im Jahr 2020 wurde die Wahlklausur im Strafrecht bei 14,62 % der Referendare mit vollbefriedigend oder besser bewertet, während diese Noten in der Wahlklausur im Öffentlichen Recht nur 14,22 % der Referendare erreichten.

» Höre auf Dein Bauchgefühl

Du solltest Dich daher vielmehr **auf Dein Bauchgefühl verlassen** und das Rechtsgebiet wählen, in welchem Du Dir am ehesten eine weitere Klausur zutraust. Ob Dir dann **die konkrete Wahlklausur** in Deinem Durchgang liegen wird oder Du Dich im Nachhinein ärgerst, weil „die andere Wahlklausur ja viel einfacher gewesen wäre", wirst Du vorab sowieso nicht beeinflussen können. Die Freude oder Enttäuschung folgt also zwangsläufig hinterher.

Selbst wenn sich die Wahlklausur am Ende für Dich als die falsche Wahl herausstellen sollte – wobei Du natürlich nur wilde Vermutungen darüber anstellen kannst, wie Du in der anderen Klausur abgeschnitten hättest –, so hängt allein davon nicht Dein Examen ab. Das schriftliche Examen besteht aus **einer Vielzahl an Klausuren**, sodass eine einzelne (eventuell falsch gewählte) Wahlklausur Deine Gesamtleistung nicht derart stark negativ beeinflussen kann.

24 Das Abgeben einer fertigen Klausur ist Bestandteil der Prüfungsleistung

Es mag so einfach klingen, aber man kann es nicht oft genug wiederholen: Wichtiger Bestandteil – wenn nicht sogar der wichtigste Bestandteil einer Klausur im zweiten Examen – ist es, eine **brauchbare Leistung abzugeben**. Wann ist eine Leistung brauchbar? Wenn sie praxistauglich ist. Hierfür ist erforderlich, dass die Klausur vor allem zunächst vom äußeren Erscheinungsbild einen vollständigen Eindruck hinterlässt, d.h. einen Anfang und ein Ende hat.

Es versteht sich von selbst, dass der Inhalt natürlich auch überzeugen muss. Allerdings scheitern nicht wenige Referendare im 2. Examen daran, dass sie die Bearbeitung **aus Zeitgründen** abbrechen müssen und schon **keine fertige Klausur** abgeben – die Klausur ist damit schon nicht „rund" und auch nicht praxistauglich. Dies kostet wertvolle Punkte.

» Nutze die Übungsklausuren zum Trainieren Deines Zeitmanagements

Viele Referendare machen die Erfahrung, dass sie die **Übungsklausuren ohne Zeitprobleme** lösen, in den **Examensklausuren** jedoch plötzlich in ungeahnt **große Zeitnot** geraten. Dies mag zum einen mit einer stärkeren Anspannung aufgrund der Examenssituation zusammenhängen. Zum anderen weisen viele Examensklausuren einen **größeren Seitenumfang** auf als ältere Übungsklausuren, sodass deutlich mehr Zeit benötigt wird, bis der Sachverhalt überhaupt erfasst ist und mit der Reinschrift begonnen werden kann.

Für Übungsklausuren empfiehlt es sich daher, diese regelmäßig **in weniger als den zur Verfügung stehenden fünf Zeitstunden** zu lösen. Wer ein intensives Klausurentraining betreibt und die Übungsklausuren etwa 30 Minuten vor der eigentlichen Abgabezeit fertigstellt, wird auch für umfangreichere Klausuren im 2. Examen gewappnet sein.

» Die optimale Herangehensweise an die Klausurbearbeitung

Welche **Herangehensweise an eine Klausur** für Dich die effektivste ist, musst Du letztlich durch Übung selbst herausfinden. Es bringt nichts, sich daran zu orientieren, dass der Nachbar in der Zivilgerichtsklausur zunächst den Tatbestand nur grob auf einem Schmierpapier skizziert und direkt mit der Reinschrift der Entscheidungsgründe anfängt, wenn Du mit dieser Vorgehensweise nicht klarkommst. Wir empfehlen Dir jedoch für die **zivilrechtliche Urteilsklausur** sowie für Klausuren, die das **Abfassen verwaltungsgerichtlicher Entscheidungen** zur Aufgabe haben, aus gutem Grund die folgende Vorgehensweise:

1. Tatbestand
2. Lösungsskizze
3. Entscheidungsgründe

Der **Vorteil an dieser Reihenfolge** ist, dass Du zum einen nicht Gefahr läufst, am Ende keine Zeit mehr für den Tatbestand übrig zu haben. Zum

anderen **beruhigt es ungemein**, den Tatbestand schon zu Papier und somit einen Teil der Klausur bereits fertig bearbeitet zu haben. Auch der Korrektor wird nach dem Blick auf den Tenor zunächst Deinen Tatbestand lesen – hier kannst Du bereits einen **ersten guten Eindruck** hinterlassen, wenn Du den Tatbestand sauber zu Papier gebracht hast. Mit der Zeit und nach einigen Übungsklausuren wirst Du merken, dass sich der Tatbestand immer schnell(er) verfassen lässt und Dir mehr Zeit für die Lösungsskizze und das Formulieren der wichtigen Entscheidungsgründe bleibt.

Bei der Klausurbearbeitung solltest Du zudem **stets die Uhr im Blick behalten** und Dich nach einer gewissen Zeit **notfalls zwingen** mit der Reinschrift anzufangen – selbst wenn Du immer noch nicht sicher bist, wie Du die Klausur genau lösen willst und an sich noch mehr Zeit zum Überlegen gebrauchen könntest. Diese Zeit hast Du nun einmal nicht unbegrenzt. Es gilt: Übung macht den Meister und auch Dein **Zeitmanagement** wird sich mit mehr Klausurerfahrung deutlich verbessern.

» *Fertige Klausur = Bestanden?*

Du wirst schnell merken, dass sich allein die Tatsache, eine fertige Klausur abzugeben, **deutlich positiver auf Deine Note auswirkt**, als einige Teile der Klausur zwar sehr detailliert zu bearbeiten, aber dann aus Zeitmangel abbrechen zu müssen und damit keine vollständige Gesamtleistung zu erbringen. Natürlich muss eine vernünftige Klausur den Korrektor insgesamt und somit zwingend **auch vom geschriebenen Inhalt** und Deiner rechtlichen Wertung überzeugen. Nur weil eine Klausur einen Anfang und ein Ende hat ist die Klausur daher nicht zwangsläufig auch bestanden.

Aber – und das unterschätzen viele Referendare – eine fertige Klausur stellt zunächst einmal eine **praxistaugliche und damit verwertbare Leistung** dar und kann somit allein aus diesem Grund schon einmal positiv punkten. Darüber hinaus muss Dir bewusst sein, dass es den meisten anderen Referendaren neben Dir ähnlich gehen wird. Nur sehr wenige Referendare kämpfen im Examen mit überhaupt keinen Zeitproblemen und werden deutlich früher mit ihrer Klausurbearbeitung fertig. Es geht nicht darum, die „perfekte" Klausur, sondern vielmehr eine fertige und überzeugende Klausur **im Vergleich zu denen Deiner Mitschreiber** abzugeben.

„Relativität" ist entscheidend

Du musst Dir also bewusst machen, dass man „nur" relativ gut sein muss – und zwar im Vergleich zu seinen Mitschreibern im selben

Klausurpool. Dementsprechend braucht bei Dir auch keine Panik aufzukommen, wenn Du im Examen eine Klausur aufschlägst, mit der Du auf den ersten Blick so gar nichts anfangen kannst. Denn auch dies wird nahezu jedem anderen Referendar ebenfalls so ergehen, der diese Klausur mit Dir schreibt. Dann heißt es Ruhe zu bewahren, eine möglichst gute Lösung zu erarbeiten und schließlich auf Papier zu bringen.

Gerade bei solchen Klausuren ist es wichtig, letztlich eine „fertige" Klausur abzugeben, um sich allein dadurch bereits von vielen anderen Referendaren, die dieses Zeitmanagement nicht beherrschen, abzuheben. Da es bei der Bewertung einer jeden Examensklausur auf die „relative" Leistung des Kandidaten im Vergleich zu allen ankommt, ist es auch bei einer vermeintlich schwierigen Klausur gut schaffbar, viele Punkte zu erhalten!

Natürlich kannst Du die Leistungen Deiner Mitschreiber – vor allem in der konkreten Klausur – **nicht einschätzen und bewerten**. Aber es beruhigt vielleicht zu wissen, dass die Korrektoren darauf achten, wie gut die inhaltliche Bearbeitung der Klausuren erfolgte: Wenn fast alle Referendare einen Punkt übersehen haben, der in der Lösungsskizze auftaucht, ist der Korrektor eher geneigt dies milder zu bewerten, als wenn es sich um ein absolutes Standardproblem handelt, das man selbst fast als einziger nicht erkannt hat. Genauso verhält es sich mit der Klausur als Ganzes: da nicht wenige Referendare **Probleme damit haben, eine fertige Klausur abzugeben** und beispielsweise nicht selten in der staatsanwaltschaftlichen Klausur die Anklage nur noch knapp und lückenhaft angerissen wird, hebst Du Dich bereits durch das Abgeben einer fertigen Klausur von Deinen Mitschreibern ab.

Insofern raten wir Dir auch dringend, bei extremer Zeitnot in einer **staatsanwaltschaftlichen Klausur** ab einem bestimmten Zeitpunkt bei der materiellen Gutachtenprüfung extrem zu kürzen und Dich kurz zu fassen, um anschließend noch eine fertige Anklageschrift verfassen zu können.

Abstriche im materiellrechtlichen Gutachten bei einer insgesamt jedoch vollständigen Anklageschrift werden Dir im Ergebnis punktemäßig **deutlich spürbarer zugutekommen** als ein perfekt erstelltes materiellrechtliches Gutachten, nach dem jedoch aus Zeitnot (fast) keine Anklageschrift mehr verfasst wurde.

25 Lies den Bearbeitervermerk

Dieser Tipp sollte nun wahrlich nichts Neues für Referendare sein, die bereits das Studium und das erste Staatsexamen hinter sich gebracht haben. Denn bereits als Jurastudent wird man von allen Professoren und in jedem Repetitorium regelmäßig und mit Nachdruck darauf hingewiesen, vor Beginn der Begutachtung eines Sachverhalts **den Bearbeitervermerk genauestens zu lesen**. Dass wir diesen Hinweis dennoch in dieses Buch mit aufnehmen müssen, ist eigentlich traurig.

» Diskussionen im Forum „Zur letzten Instanz“

Vor ein paar Jahren haben wir das **Forum „Zur letzten Instanz“** gestartet, das – anders als die anderen etablierten Foren wie zB Jurawelt.com – ausschließlich für Referendare gedacht und **thematisch nur auf den juristischen Vorbereitungsdienst ausgerichtet** ist. Jeden Monat diskutieren hier Referendare ausführlich über die Sachverhalte (und Lösungen) der Klausuren im 2. Staatsexamen.

Es ist unvorstellbar, wie häufig dabei darüber diskutiert wird, wie **der Bearbeitervermerk einer Klausur** formuliert war! Dabei ist es doch mehr als ärgerlich, wenn man sich mit der Rechtmäßigkeit der Rechtsmittelbelehrung beschäftigt, obwohl der Bearbeitervermerk deren Rechtmäßigkeit bereits feststellt; wenn man Straftatbestände – sowohl im Gutachten als auch in der Anklageschrift – abhandelt, die der Bearbeitervermerk von der Prüfung ausgenommen hat; oder wenn man die fristgemäße Zustellung eines Schreibens problematisiert, obwohl der Bearbeitervermerk klarstellt, dass von einer fristgerechten Zustellung sämtlicher Erklärungen auszugehen ist.

Richtig schlimm ist es, wenn man sich beispielsweise mit einer ggf. sehr **komplizierten Kostenentscheidung** beschäftigt (Stichwort: Baumbach'sche Kostenformel), deren Niederschrift aber laut Bearbeitervermerk ausgeschlossen und nicht verlangt ist. So verliert man im schriftlichen Examen wertvolle Zeit; und dies führt im Zweifel dazu, dass man es nicht schafft, eine fertige Klausur abzuliefern.*

» Vergleichbare Erfahrungen bei unseren E-Mails

Eigentlich sollte es nicht so schwer sein, zunächst die **wichtigen Informationen im Sachverhalt inklusive Bearbeitervermerk** zu lesen und erst dann mit der Bearbeitung der Klausur zu beginnen. Ein **vergleichbares Verhalten der Referendare**, gerade dies leider nicht zu tun, erleben wir tagtäglich bei den E-Mails, mit denen wir Referendare über bestimmte Dinge informieren. So lautet beispielsweise der **erste Satz der E-Mail**, mit der Referendare nach Bestellung ihrer Protokolle auf unserer Plattform protokolle-assessorexamen.de automatisiert ihre **Zugangsdaten für den Login** erhalten:

> „Hallo xxx,
>
> bitte lies Dir die folgenden wichtigen Hinweise zunächst vollständig durch, da hier die Antworten auf die uns am meisten gestellten Fragen gegeben werden. [...]“

---

* Das Abgeben einer „fertigen“ Klausur ist aber ein besonders wichtiger Bestandteil der Prüfungsleistung, wie wir Dir im vergangenen Kapitel aufgezeigt haben.

Würden alle Referendare diesen Hinweis beherzigen, wüsste jeder Referendar, dass er **im Falle eines Prüferwechsels** diesen Wechsel im Login-Bereich selbst vornehmen und in das System eintragen kann. Keine zwei Minuten später hätte der Referendar bereits die Protokolle des neuen Prüfers vorliegen.

Stattdessen lesen **ca. 15 % aller Referendare** unsere E-Mail nicht oder nicht richtig und teilen uns ihren Prüferwechsel per E-Mail mit – verbunden mit der Frage, ob wir auch die Protokolle des neuen Prüfers zur Verfügung stellen können. Auch wenn wir in aller Regel eingehende E-Mails in weniger als zwei Stunden beantworten, **machen sich diese Referendare Arbeit und Stress**, der nicht sein muss, wenn sie denn einfach die Hinweise, die ihnen gegeben werden, lesen würden!

» Lese alle Absätze einer einschlägigen Norm

Ein weiterer wichtiger Hinweis, der nur der Vollständigkeit halber hier ebenfalls noch genannt werden soll, weil er hierzu passt: Wenn Du eine einschlägige Norm im Gesetz gefunden hast, dann lese zum einen **alle Absätze dieser Norm** und überfliege zum anderen auch **die Paragraphen vor und nach dieser Norm**, ob diese nicht auch für den Sachverhalt Relevanz haben könnten.

Auch dieser Hinweis wird allen Jurastudenten immer wieder gepredigt, sodass Referendare dieses **eigentlich automatisch machen müssten**. Aufgrund von Schludrigkeit und wegen des im Examen herrschenden Stresses vergessen aber auch im 2. Examen viele diese Regel. Das kostet unnötig Punkte und hat **ggf. gravierende Auswirkungen** auf das Ergebnis des für das spätere Berufsleben so wichtige 2. Staatsexamen.

26 Erlerne die Sprache der Praktiker

Eine der wichtigsten Aufgaben im Referendariat ist es, die **Sprache der Praktiker zu erlernen** und diese in den Übungsklausuren in der AG und vor allem in den Examensklausuren zu verwenden. Schreibst Du eine Urteilsklausur, muss sich die Klausur **auch wie ein Urteil** lesen; verfasst Du eine Anklageschrift, musst Du die Anklage so wie ein Staatsanwalt formulieren; und ist in der Klausur ein anwaltlicher Schriftsatz zu erstellen, musst Du diesen so ausarbeiten, **wie es ein Anwalt in der Praxis** machen würde.

» Gründe für das Beherrschen der Sprache der Praktiker

Die Sprache der Richter, Staatsanwälte und Rechtsanwälte zu beherrschen und dies in den Klausuren anzuwenden, ist enorm wichtig, **um größtmöglichen Erfolg im 2. Staatsexamen** zu haben. Zum einen sind es gerade die Praktiker, die die Examensklausuren korrigieren. Ein Richter, der täglich Urteile diktiert, honoriert es, wenn auch die zu korrigierende Klausur sich wie ein – von ihm diktiertes – Urteil liest. Gleiches gilt selbstverständlich für die Staatsanwälte und Rechtsanwälte, die **zur Korrektur von Klausuren im 2. Examen** eingesetzt werden.

Zum anderen erfüllt die Sprache auch eine **bestimmte Funktion**. Urteile lesen sich nicht durch Zufall immer recht ähnlich, was den Aufbau und die Formulierungen angeht. Vielmehr muss man sich klarmachen, dass ein Urteil im besten Fall **Rechtsfrieden zwischen den Parteien** herstellen soll. Insbesondere die unterlegene Partei eines Prozesses soll **überzeugend dargelegt bekommen**, warum das Gericht zu Gunsten des Gegners entschieden hat. Um dieses Ziel zu erreichen, ist das Urteil sprachlich so zu fassen, dass grundsätzlich **keine Zweifel des Gerichts** in den Ausführungen zu erkennen sind. Dies muss man auch bei der Formulierung seiner eigenen Klausurlösungen beherzigen.

Aus der **Funktion des Urteils bzw. des Urteilsstils**, möglichst den Unterlegenen von der Richtigkeit der Entscheidung zu überzeugen, folgt im Übrigen der wichtige – und in jeder Klausur einzuhaltende – Grundsatz, dass auf alle von der unterlegenen Partei **argumentativ eingebrachten Tatsachen und Rechtsansichten** in den Entscheidungsgründen einzugehen ist. Macht man als Richter (bzw. als Klausurbearbeiter) zum Beispiel keine Ausführungen zur Frage der Verjährung des Anspruchs, obwohl die letztlich unterlegene Partei sich genau hierauf berufen hat, fühlt sich diese **nach dem Lesen der Entscheidungsgründe sicherlich „übergangen“**; das Urteil wird die unterlegene Partei nicht überzeugen können.*

» Der Urteilsstil als Ausgangspunkt

Grundlegende Voraussetzung, um überzeugende Urteile schreiben zu können, ist es den **Urteilsstil zu beherrschen und konsequent anzuwenden**. Das Erlernen und die Anwendung des Urteilsstils müssen dabei kurzfristig nach Beginn des Referendariats erfolgen. Spätestens in der zweiten oder dritten Übungsklausur muss **die gedankliche Umstellung**

---

* Nicht durchgreifende Rechtsansichten der unterlegenden Partei werden in Urteilen gerne sprachlich folgendermaßen eingeleitet: „Soweit der Beklagte sich darauf beruft, der Anspruch sei bereits verjährt, kann dem nicht gefolgt werden.“ Anschließend folgt die Darstellung der Voraussetzungen für eine Verjährung und die Begründung, warum diese gerade im vorliegenden Fall nicht gegeben sind.

vom in der Uni gelernten Gutachtenstil auf den von den Praktikern verwendeten Urteilsstil abgeschlossen sein. Es darf keinesfalls passieren, dass man erst in der Examensvorbereitung versucht, sich diesen neuen Schreibstil richtig anzueignen; leider zeigen **unsere eigenen Erfahrungen**, dass aber viele Referendare genau das machen. Selbst im 2. Examen sind noch einige Referendare nicht in der Lage, diesen **grundlegenden Stil der Praktiker** in einer Klausur anzuwenden.

Mit der Umstellung von Gutachten- auf Urteilsstil tun sich gerade die Referendare schwer, die den universitären Gutachtenstil besonders gut verinnerlicht haben. Um **Missverständnisse bei der Umstellung** des Stils zu vermeiden, möchten wir an dieser Stelle auf einen Satz eingehen, der sich in vielen Lehrbüchern findet und eigentlich nicht richtig ist, nämlich: „Der Urteilsstil ist nichts anders als ein umgekehrter Gutachtenstil". Dass dieser plakative Satz nicht stimmt, möchten wir Dir **anhand eines Beispiels** aufzeigen.

> **Sachverhalt:** K hat beim Vertragshändler V einen VW Touareg TDI gekauft und ist somit vom sogenannten „Abgasskandal" betroffen. Da K das Auto loswerden möchte, ficht er den Kaufvertrag wegen arglistiger Täuschung durch V an.
>
> **Rechtliche Würdigung im Gutachtenstil:** Der Kaufvertrag zwischen K und V könnte aufgrund einer Anfechtung wegen arglistiger Täuschung nach den *§§ 123 Abs. 1, 142 Abs. 1 BGB* nichtig sein. (= 1 = Obersatz) Voraussetzung für eine Anfechtung nach *§ 123 BGB* ist es, dass der Anfechtungsgegner einen Irrtum erzeugt oder aufrechterhält, der Täuschende also weiß und will, dass sein Verhalten zu einem Irrtum des Getäuschten führen wird. (= 2 = Definition) Der Vertragshändler V wusste aber im Zeitpunkt des Vertragsschlusses ebenso wenig wie der Käufer K von der manipulativen Abschalteinrichtung im VW Touareg und hatte keine Kenntnis vom erhöhten Schadstoffausstoß des Autos.

(= 3 = Subsumtion) Der Kaufvertrag zwischen K und V ist folglich nicht nach den *§§ 123 Abs. 1, 142 Abs. 1 BGB* nichtig. (= 4 = Ergebnis)

Rechtliche Würdigung im Urteilsstil: Der Kaufvertrag zwischen K und V ist auch nicht aufgrund einer Anfechtung wegen arglistiger Täuschung nach den *§§ 123 Abs. 1, 142 Abs. 1 BGB* nichtig. (= 4 = Ergebnis) Eine Anfechtung nach *§ 123 BGB* setzt voraus, dass der Anfechtungsgegner einen Irrtum erzeugt oder aufrechterhält, der Täuschende also weiß und will, dass sein Verhalten zu einem Irrtum des Getäuschten führen wird. (= 2 = Definition) Der Vertragshändler V wusste aber im Zeitpunkt des Vertragsschlusses ebenso wenig wie der Käufer K von der manipulativen Abschalteinrichtung im VW Touareg und hatte keine Kenntnis vom erhöhten Schadstoffausstoß des Autos. (= 3 = Subsumtion)*

Der Urteilsstil ist – wie das Beispiel zeigt – **zum einen kürzer** als der Gutachtenstil. Statt Obersatz und Ergebnis findet sich im Urteilsstil nur noch ein Ergebnissatz. Zum anderen wird aus der Reihenfolge des Gutachtenstils 1-2-3-4 im Urteilsstil gerade **nicht die umgekehrte Reihenfolge** 4-3-2, sondern vielmehr die Folge 4-2-3. Der gern gebrachte Satz „Der

* Sowohl in einem Rechtsgutachten als auch in einem zivilrechtlichen Urteil müsste man in der Folge auf die Frage eingehen, ob sich der Vertragshändler die Kenntnis der zuständigen Mitarbeiter des VW-Konzerns von der Manipulationssoftware zurechnen lassen muss mit der Folge, dass der Vertrag nach § 123 Abs. 2, § 142 Abs. 1 BGB nichtig ist. Eine Zurechnung bejahte beispielsweise das LG München für den Fall, dass das Autohaus eine 100-prozentige Tochter des VW-Konzerns ist (Urt. v. 14.04.2016 – Az.: 23 O 23033/15).

In der Regel wird eine Zurechnung der Täuschung jedoch nicht möglich sein. In diesem Fall kann der Kunde seine Forderungen gegenüber dem Händler über das Sachmängelgewährleistungsrecht und gegenüber VW als Hersteller über das Deliktsrecht (§ 826 BGB) geltend machen.

Urteilsstil ist nichts anders als ein umgekehrter Gutachtenstil" ist also sicherlich nicht richtig!

» Weitere Tipps zum Erlernen der „Praktikersprache"

Auch wenn wir Dich nun hoffentlich von der Wichtigkeit überzeugt haben, *dass* man **die Sprache der Praktiker erlernt**, stellt sich natürlich als nächstes die Frage, *wie* man sich für die Klausuren die Praktikersprache aneignet. Dazu **folgende Tipps**:

- Lies viele Urteile – insbesondere solche der OLG und des BGH – und achte bei diesen Urteilen nicht auf die rechtlichen Aussagen, sondern allein auf die **genutzten Formulierungen** und die Struktur der Argumentation.
- Lerne es von Anfang an, in den Übungsklausuren eine **klare (Argumentations-)Struktur** zu verwenden.
- Mache Dir die Bedeutung der Sprache – insbesondere **die Bedeutung des Urteilsstils** – klar und versuche bei der Ausformulierung eigener Klausuren dieser Bedeutung gerecht zu werden.
- Schreibe Klausuren mit einer **an Arroganz grenzenden Überzeugung** – egal ob Du von der von Dir entwickelten Lösungsskizze tatsächlich überzeugt bist. Es dürfen in sprachlicher Hinsicht beim Leser **keine Zweifel an der Richtigkeit** Deiner Ausführungen aufkommen.

(Eingeschränkter) Literaturtipp zum Thema

Im Jahr 2016 erschien das Buch „Spitzenklausuren im Assessorexamen: Sprachliche Strukturen und Grundlagen der Klausurtechnik", das sich genau dem von uns dargelegten Thema der Wichtigkeit der „richtigen" Sprache in einer Klausur widmet. In dem Buch wird der Sprach- und Schreibstil hervorragender Juristen analysiert. Geschrieben wurde das

Buch von Florian Metz, Richter am Amtsgericht und Referendarausbilder.

Wir können das Buch allerdings nur eingeschränkt empfehlen. Denn auch wenn der Ansatz des Autors genau der richtige ist – nämlich dem Leser aufzuzeigen, wie Richter ein Urteil sprachlich und argumentativ abfassen – sind die Ausführungen im Buch oftmals viel zu theorielastig und wissenschaftlich, was das Lesen ungemein schwierig macht. Es werden zur Vermittlung der Erkenntnisse vom Autor zu viele – zum Teil selbst entwickelte – Fremdworte verwendet, die es gar nicht bedurft hätte. Wer sich hiervon nicht abschrecken lässt, dem sei dieses Buch durchaus zur Vertiefung des Themas empfohlen.

Dieser Hinweis auf das so **wichtige Beherrschen der Sprache der Praktiker** ist zusammen mit dem Abgeben einer fertigen Klausur (vgl. dazu Kapitel 24) sowie dem Verständnis des Fehlersystems und der Vermeidung von Formfehlern (vgl. dazu Kapitel 27) unserer Ansicht nach bei

Umsetzung in den Examensklausuren eine **Garantie, das Examen zu bestehen**! Denn es ist erschreckend zu sehen, wie viele Referendare es im Examen nicht beherrschen, eine sprachlich gute, durchstrukturierte und fertige Klausurlösung abzuliefern, bei der auch keine Fehler bei den grundlegenden Formalien gemacht wurden. Im Umkehrschluss bedeutet dies, dass man mit dem Durchfallen im 2. Examen nichts zu tun haben wird, wenn man die **Sprache der Praktiker beherrscht**, eine **fertige Klausur abgibt** und gerade **keine formalen Fehler macht**. Und sich auf das 2. Examen derart vorzubereiten, dass man dies bei jeder Klausur im schriftlichen Examen auch genauso schafft, ist mit Sicherheit kein „Hexenwerk".

27 Mache Dir das „Fehlersystem“ im schriftlichen Examen klar

Eine „fehlerfreie Klausur“, die folglich mit der **Höchstpunktzahl von 18 Punkten** bewertet werden müsste, werden wohl die allerwenigsten Juristen jemals im Studium, Referendariat oder in den Examina schreiben. Fehler zu machen ist also normal und auch im 2. Staatsexamen nicht zu verhindern.

Es ist aber äußerst wichtig sich klarzumachen, wie Korrektoren eine Klausur lesen bzw. bewerten und **wie sich ein Fehler auf die letztliche Bewertung einer Klausur auswirkt.** Hierbei gibt es eine Art „Fehlersystem“. Ist man sich dieses Systems bewusst, ist es viel leichter gute Klausuren zu schreiben.

» Exkurs in die Betriebswirtschaftslehre

Zur Verdeutlichung bietet sich ein Ausflug in die Betriebswirtschaftslehre an, genauer gesagt ein Blick auf die **„Motivation-Hygiene-Theorie“** von *Frederick Herzberg*. Dieser führte eine empirische Studie zu den Faktoren durch, die **Einfluss auf die Motivation bzw. Zufriedenheit von Arbeitnehmern** haben. Dabei identifizierte er einerseits „Hygienefaktoren“ und andererseits „Motivatoren“:

- Unter **Hygienefaktoren*** versteht Herzberg die Faktoren, welche bei positiver Ausprägung die Entstehung von Unzufriedenheit beim Ar-

* Zu diesen Faktoren zählen laut Herzberg u.a. die Faktoren Entlohnung und Gehalt, die Personalführung und die Sicherheit der Arbeitsstelle.

beitnehmer verhindern, aber nicht zur Zufriedenheit beitragen bzw. diese erzeugen. Häufig werden diese Faktoren gar nicht bemerkt oder als selbstverständlich betrachtet. Sind sie aber nicht vorhanden, empfindet der Arbeitnehmer dies als Mangel.

- Zu den **Motivatoren*** zählen dagegen die Umstände, deren Fehlen zwar nicht zwangsläufig zur Unzufriedenheit des Arbeitnehmers führen; sind solche Motivatoren aber vorhanden, hat diese eine höhere Zufriedenheit des Arbeitnehmers zur Folge.

Die **Auswirkung von fehlenden/vorhandenen Hygienefaktoren bzw. Motivatoren** auf die Zufriedenheit des Arbeitnehmers lässt sich **tabellarisch** also folgendermaßen darstellen:

	Beim Fehlen	**Beim Vorhandensein**
Hygienefaktoren	unzufrieden	neutral
Motivatoren	neutral	zufrieden

» Übertragbarkeit auf das schriftliche Assessorexamen

Herzbergs Theorie lässt sich perfekt auf den **Einfluss der Klausurlösung auf die Zufriedenheit bzw. Unzufriedenheit des Korrektors** übertragen. Es gibt Bestandteile der Klausurlösung, deren Vorhandensein den Korrektor nicht zufriedener macht, deren Fehlen aber zur Unzufriedenheit und damit zu Punktabzug führt. Hierzu zählen unserer Ansicht nach **zum Beispiel**

* Hierzu zählen laut Herzberg u.a. das Innehaben von Verantwortung, der berufliche Aufstieg sowie das Vorhandensein von Entfaltungsmöglichkeiten.

- sämtliche formalen Fehler beim Aufbau eines Entscheidungsentwurfs,
- die falsche Formulierung des Tenors,
- das Nichtbeherrschen des Urteilsstils,
- Fehler bei der Differenzierung von Tatsachen und Rechtsansichten im Rahmen des Tatbestands sowie
- das Abgeben einer nicht fertigen Klausur.

Und dann gibt es Bestandteile einer Klausur, deren **Vorhandensein die Zufriedenheit des Korrektors steigert** und damit zu Punkten führt, deren Fehlen aber den Korrektor nicht zwingend unzufrieden macht. Hierunter fallen insbesondere – nicht offensichtlich schwerwiegende – **Fehler im Rahmen der materiellrechtlichen Lösung** der Klausur; dies gilt insbesondere für solche Rechtsfragen, die mit einer guten Argumentation in zweierlei Richtung hin entschieden werden können.*

» Schlussfolgerungen für das Schreiben der eigenen Klausuren

Ob und wie viele punktebringende Lösungswege und Argumente (also Motivatoren) Du mit Deiner Ausarbeitung triffst, wird **von Klausur zu Klausur unterschiedlich** sein. Es gibt Sachverhalte und Rechtsgebiete, die einem besser liegen werden als andere. Die wichtige Schlussfolgerung aus dem Verstehen des **„Fehlersystems“ in juristischen Klausuren**

* Examensklausuren liegen nicht selten oberstgerichtliche Entscheidungen zugrunde. Sehr häufig hat zumindest eines der vorinstanzlichen Gerichte den Rechtsstreit anders entschieden als schließlich der BGH oder das BVerwG. Dabei wird die Argumentation des Instanzgerichts nur in Ausnahmefällen komplett untragbar gewesen sein. Dies zeigt, dass eine Rechtsfrage – eine gute Argumentation vorausgesetzt – oftmals auch abweichend von der Lösungsskizze beantwortet werden kann.

muss aber sein, solche Fehler zu vermeiden, die zur Unzufriedenheit des Korrektors und damit zu Punktabzug führen (also Hygienefaktoren).

An dieser Stelle müssen wir schlicht wiederholen und betonen, was wir Dir bereits am Ende des letzten Kapitels mit auf den Weg gegeben haben: Insbesondere **formale Fehler beim Aufbau und Inhalt der Klausurlösung zu vermeiden**, ist beim besten Willen kein „Hexenwerk". Schließlich hat man bis zum schriftlichen Examen ausreichend Zeit, sich

sämtliche „Basics" der **Abfassung und Formulierung einer Assessorklausur** anzueignen und durch das Schreiben einer Vielzahl von Übungsklausuren so zu verinnerlichen, dass Fehler in diesem Bereich auf keinen Fall mehr im Examen auftreten. Wenn man aber sieht, wie viele Referendare ins Examen gehen, **ohne diese „Hygienefaktoren" zu beherrschen** (mit denen man beim Korrektor zwar keinen Blumentopf gewinnen, aber bei Fehlern in diesem Bereich eine Menge Punkte verlieren kann), muss man sich nicht wundern, dass stets einige Referendare – zumindest bei ihrem ersten Versuch – durch das Examen fallen.

28 Verliere nicht den Mut, wenn Du erstmals durch das Examen fällst

Nach den schriftlichen Klausuren ist es wichtig, erst einmal **Abstand von den Klausuren** zu gewinnen. Gegen den Blick in ein Forum, in dem sich über die geschriebenen Klausuren im 2. Examen ausgetauscht wird, ist zwar grundsätzlich nichts einzuwenden. Du solltest jedoch tunlichst davon absehen, Dich im Anschluss zu ausführlich mit Deinen geschriebenen Klausuren auseinanderzusetzen.

Keine „was wäre wenn…"-Gedanken

Befasse Dich nicht allzu lange damit, was Du wie hättest anders machen können; und stelle bloß keine Vermutung auf, wie schwerwiegend dieser oder jene Fehler wohl zu gewichten ist und ob es für das Bestehen reicht. Die Klausuren sind geschrieben und an Deiner Leistung kannst Du nun nichts mehr ändern.

Weder Du, noch Deine Mitschreiber – und schon gar nicht anonyme User im Internet – kennen die **Musterlösung des Prüfungsamtes** und können Dir verraten, womit Du ganz sicher bestanden hast oder ganz sicher durchgefallen bist. Oftmals trügt der eigene Eindruck von seiner eigenen Klausurbearbeitung auch und die Bewertung einer Klausur fällt besser oder schlechter aus, als Du sie selbst eingeschätzt hast. Dies wird Dir vielleicht sogar von den Klausuren im 1. Examen bekannt sein. Vielmehr solltest Du daher den **Blick nach vorne richten** und direkt nach den Klausuren abschalten und entspannen, um mit voller Energie die Wahlstation anzugehen.

» Benötigte Vorpunkte für die Zulassung zur mündlichen Prüfung

Irgendwann schreitet er mit großen Schritten auf Dich zu und egal wie gut Du es zuvor geschafft hast, die Klausuren zu verdrängen, so ist gegen Ende der Wahlstation der große Tag gekommen und Du bekommst den **Bescheid über Deine schriftliche Prüfungsleistung**. Die Regelungen der Bundesländer, mit wie vielen Vorpunkten man zur mündlichen Prüfung geladen wird, weichen dabei stark voneinander ab.

So ist die schriftliche Prüfungsleistung beispielswiese in **Bayern** gemäß *§ 64 Abs. 3 JAPO* bestanden, wenn im schriftlichen Teil der Prüfung ein

Gesamtdurchschnitt von mindestens 3,72 Punkten erreicht und nicht in mehr als fünf Prüfungsarbeiten eine geringere Punktzahl als 4,00 erzielt wurden. In **Hessen** ist die schriftliche Prüfungsleistung gemäß *§ 49 JAG* nicht bestanden, wenn sechs oder mehr Aufsichtsarbeiten mit einer Durchschnittspunktzahl von weniger als 4 Punkten bewertet wurden oder die Durchschnittspunktzahl aller Aufsichtsarbeiten unter 3,1 Punkten liegt. Und in **Niedersachsen** müssen gemäß *§ 14 Abs. 2 NJAG* drei Aufsichtsarbeiten mindestens mit „ausreichend" bewertet worden sein und die Summe der Bewertungen der Aufsichtsarbeiten mindestens 28 Punkte ergeben.

Übersicht zu den erforderlichen Punktzahlen

Eine Übersicht über die einzelnen Anforderungen in jedem Bundesland, um zur mündlichen Prüfung geladen zu werden, findest Du auf der Seite: https://www.protokolle-assessorexamen.de/ladung.

In einigen Bundesländern werden die Bescheide mit den Ergebnissen nur **postalisch** versendet, in anderen Bundesländern – zB in NRW – wird vorab an einem bestimmten Termin eine sogenannte **„Durchfaller-Liste" online gestellt**, bevor anschließend die konkreten Ergebnisse per Post verschickt werden. Auf dieser Liste sind all die Prüfungsziffern der Referendare aufgeführt, die die Klausuren **nicht bestanden haben**. Man kann anhand einer solchen Liste somit immerhin schon erkennen, ob man die Hürde der Klausuren gemeistert hat. Doch wie geht es weiter, wenn Du Deine Prüfungsziffer auf der Liste entdeckst oder postalisch darüber informiert wirst, dass es **nicht für die erforderliche Gesamtpunktzahl** zum Bestehen der Klausuren gereicht hat?

» Das Gefühl, in ein tiefes Loch zu fallen

Leider trifft es jedes Jahr **bundesweit ca. 13 % aller Kandidaten**, die das 2. Examen nicht bestehen. Solltest Du in diese Situation geraten, so zieht es Dir sicherlich erst einmal den Boden unter den Füßen weg. Auch wenn das Gefühl nach den Klausuren nicht gut gewesen sein mag (umso schlimmer, wenn es sogar eigentlich ganz gut war), so ist die Bescheinigung des Prüfungsamtes, dass es tatsächlich **nicht zum Bestehen der schriftlichen Prüfungsleistung gereicht** hat, erst einmal ein kleines persönliches Drama.

Und das darf es auch sein. Es ist vollkommen in Ordnung, sich diesem Gefühl hinzugeben. Es ist auch völlig in Ordnung, sich erst einmal zurückziehen zu wollen – oder zumindest auf keinen Fall mit den anderen Referendaren über sein eigenes persönliches Scheitern **reden zu wollen**, während es scheint, als würden alle um einen herum ihre Ergebnisse feiern.

Allerdings ist es nicht in Ordnung, wenn dieser Zustand **über einen längeren Zeitraum** anhält und Du in ein Loch der Verzweiflung, Sorge und Lethargie verfällst. Nach der Zeit der Trauer sollte der Blick auch wieder nach vorne gerichtet sein, getreu dem Motto: „Nach jedem Regen kommt wieder Sonnenschein". Denn es bringt Dir absolut nichts, den aktuellen Zustand nur zu bedauern. Vielmehr gilt es, **die zweite Chance zu nutzen** und vernünftig anzugehen. Dafür brauchst Du vor allem eins: einen klaren Kopf und neue Energie.

» Setze Dich intensiv mit Deinen Klausuren auseinander

Wir empfehlen Dir unbedingt, eine **Fehleranalyse** zu betreiben, um zu sehen woran es gelegen hat, dass Deine schriftlichen Leistungen nicht zum Bestehen gereicht haben. Hierzu ist wichtig, dass Du **Einsicht in Deine geschriebenen Klausuren** nimmst. War es die Aufregung? Wurdest Du mit den Klausuren nicht fertig? Hast Du grobe Fehler gemacht, zu oberflächlich gearbeitet oder falsche Schwerpunkte gesetzt?

Einsichtnahme in die Klausuren ist Pflicht

Viele Referendare meinen bereits zu wissen, woran es gelegen hat. Bei der Fehleranalyse darf Dir aber absolut kein Fehler passieren. Also nimm bitte auf jeden Fall Einsicht in die Klausuren. Manche Korrekturanmerkungen werden Dir sicherlich dabei helfen, bestimmte Fehler im 2. Versuch zu vermeiden.

Beachte hierbei auch die **Frist für die Klausureinsicht**. Referendare in NRW (*§§ 56 Abs. 1, 23 Abs. 2 JAG NRW*) und Niedersachsen (*§ 20 Abs. 1 NJAG*) können beispielsweise ihre Klausuren **innerhalb eines Monats nach schriftlicher Bekanntgabe** der Entscheidung über das Bestehen oder Nichtbestehen der Staatsprüfung einsehen.

Zwar kann es im Einzelfall vorkommen, dass die Klausureinsicht nicht sehr gewinnbringend ist, weil beispielsweise kaum oder nur **sehr wenige Anmerkungen der Korrektoren** enthalten sind, die Dir für eine ausgiebige Fehleranalyse helfen. Denn manche Korrektoren möchten ihrer Korrekturleistung so wenig Angriffsfläche wie möglich bieten und halten sich daher mit Anmerkungen eher zurück. **Eklatante Fehler**, wie falsche

Anspruchsgrundlagen oder eine verkehrte Schwerpunktsetzung in Deiner Klausur, wirst Du trotzdem schnell erkennen können.

» Widerspruch einlegen?

Solltest Du das Gefühl haben, in einigen Klausuren **unfair bewertet worden zu sein** und kannst Du auch entsprechende Fehler in der Korrektur feststellen, dann solltest Du über einen **Widerspruch** – sofern dies in Deinem Bundesland der richtige Rechtsbehelf ist (vgl. abweichend etwa *§ 14 JAPO Bayern*: Nachprüfungsverfahren) – gegen die Klausurbewertung(en) nachdenken. Sei Dir allerdings auch im Klaren darüber, dass die **Erfolgschancen bei Widersprüchen** gegen juristische Klausurbewertungen nicht sehr hoch sind.

Geringe Erfolgsquoten von Widersprüchen

Das LJPA Bayern und das LJPA Baden-Württemberg sind unserer Kenntnis nach die einzigen Prüfungsämter, die auch Statistiken zu den Nachprüfungsverfahren bzw. Widerspruchsverfahren in den Jahresberichten aufführen. Auch wenn sich die Statistiken auf sämtliche vom LJPA abgenommenen Prüfungen und nicht nur auf das 2. Staatsexamen bezieht, zeigen die Zahlen, dass es eine eher geringe Erfolgsquote beim Vorgehen gegen Klausurbewertungen gibt:

So wurden in Bayern im Jahr 2020 insgesamt 73 Nachprüfungsverfahren anhängig gemacht. In lediglich 13 Fällen wurde dabei eine Einzelnote angehoben, was allerdings nur in einem Teil der Fälle nachträglich zum Erreichen des für die Zulassung zur mündlichen Prüfung erforderlichen Gesamtdurchschnitts der schriftlichen Prüfung führte. Dies entspricht rechnerisch einer Erfolgsquote von gerade mal 16,3 %. In Baden-Württemberg wurden im Jahr 2020 insgesamt 121 Widersprüche eingelegt; von diesen richteten sich ca. 88 % gegen das Prüfungsergebnis. Die Erfolgsquote lag bei knapp 3 %; in knapp 6 % der Fälle war der Widerspruch nur teilweise erfolgreich.

Den Widerspruch kannst Du **innerhalb der einmonatigen Widerspruchsfrist** selbst oder über einen (idealerweise auf das Prüfungsrecht spezialisierten) Anwalt erheben. Ein Widerspruch macht jedoch nur Sinn, wenn es Dir dadurch möglich ist, mit einer besseren Bewertung aus einer oder mehreren Klausuren **über die erforderliche Punktehürde** zu kommen. Solltest Du also sehr weit von der benötigten Punktzahl zum Bestehen der schriftlichen Prüfungsleistung entfernt sein, wird Dir ein Widerspruch – sofern Du nicht in mehreren Klausuren eklatante Bewertungsfehler finden kannst – nicht zum Erfolg verhelfen (können).

Doppelte Bestrafung bei erfolglosem Widerspruch

Nicht nur dass es mehr als ärgerlich ist, wenn ein Widerspruch gegen die Klausurbewertungen im Ergebnis erfolglos verläuft: Ein erfolgloses Widerspruchsverfahren ist darüber hinaus auch mit Kosten verbunden, die wir Dir nur kurz beispielhaft darstellen möchten.

In NRW fallen beispielsweise nach *§ 3 Abs. 1 JAGebO* für das Verfahren im Allgemeinen 25 Euro und für jede Aufsichtsarbeit, deren Bewertung erfolglos angegriffen wird, 50 Euro an. In Niedersachsen wird nach Nr. 7.1 und 7.2 in Anlage 2 zu *§ 111 Abs. 2 NJG* eine Rahmengebühr erhoben, die je nach Umfang zwischen 30 Euro und 300 Euro beträgt. So fallen bei einer vollständigen oder teilweisen Zurückweisung des Widerspruchs zwischen 50 Euro und 300 Euro und bei einer Rücknahme des Widerspruchs zwischen 30 Euro bis 200 Euro an. Das Widerspruchsverfahren dauert nach Angabe des Landesjustizprüfungsamtes in Niedersachsen im Durchschnitt zwei Monate.

» Der Ergänzungsvorbereitungsdienst

Es ist unheimlich wichtig, dass Du **nach einer gewissen (juristischen) Pause** – die jedoch nicht länger als zwei bis drei Wochen dauern sollte – wieder anfängst, Dich auf die kommenden Monate vorzubereiten: den Ergänzungsvorbereitungsdienst und den zweiten Versuch des schriftlichen Examens. Ein solcher zweiter Examensversuch ist **in jedem Bundesland** vorgesehen und bietet Dir somit die Möglichkeit, Dein Können erneut zu beweisen.

Bei gegebenenfalls **gekürzter Unterhaltsbeihilfe** bleibt man während des Ergänzungsvorbereitungsdienstes weiterhin Rechtsreferendar in einem öffentlich-rechtlichen Ausbildungsverhältnis und wird in einer **Repetenten-AG** intensiv auf den zweiten Versuch vorbereitet.

Kürzung der Unterhaltsbeihilfe

Die Juristenausbildungsordnungen aller Bundesländer sehen im Falle des erstmaligen Durchfallens eine Weiterbeschäftigung des Referendars bei Kürzung der Unterhaltsbeihilfe vor. Wie hoch die Kürzung ausfällt, ist von Land zu Land unterschiedlich. Als Referendar muss man mit einer prozentualen Kürzung in Höhe von ca. 10 – 15 % rechnen.

» Dauer und Ausgestaltung des Ergänzungsvorbereitungsdienstes

Anders als nach dem ersten Examen ist für das zweite Examen genau geregelt, wann Du die Klausuren erneut anfertigen musst. Der Ergänzungsvorbereitungsdienst dauert – je nach Bundesland – **zwischen drei und sechs Monate**.

Der Ergänzungsvorbereitungsdienst unterstützt Dich in der Vorbereitung, damit es beim zweiten Anlauf klappt. Die konkrete Ausgestaltung ist in den Ländern sehr unterschiedlich geregelt und die **Informationen zum konkreten Ablauf, Ort und Zeit** erhältst Du zeitnah von Deiner Ausbildungsstelle mitgeteilt.

Pflicht vs. Freiwilligkeit

In NRW ist beispielsweise die Teilnahme an der Repetenten-AG freiwillig, man muss sich aber zwingend einem Einzelausbilder zuweisen lassen. In Berlin, Brandenburg, Bremen, Hamburg und Schleswig-Holstein dagegen ist der Besuch der Repetenten-AG verpflichtend, während eine Stationsausbildung im Ergänzungsvorbereitungsdienst gerade nicht stattfindet.

Neben der Wissensvermittlung in der Arbeitsgemeinschaft erhältst Du oftmals auch ein **intensives Klausurtraining** und kannst so gezielt an Deinen Schwachpunkten arbeiten. Da sich der Ergänzungsvorbereitungsdienst an all diejenigen Referendare richtet, die in den Klausuren durchgefallen sind, bist Du zudem **unter Gleichgesinnten** und siehst, dass es weitere Referendare gibt, die in derselben Situation sind wie Du. Du bist also keineswegs allein. Nutze die Chance und nimm den Ergänzungsvorbereitungsdienst gewissenhaft wahr, so dass Du für den zweiten Versuch noch einmal alles geben kannst.

Motivierende Zahlen für den 2. Versuch

Laut den Statistiken der Länder fallen lediglich ca. 4 % aller Kandidaten eines Prüfungstermins wiederholt durch das 2. Examen. Der Ergänzungsvorbereitungsdienst scheint viele Referendare gut auf den 2. Versuch vorzubereiten.

» Nach dem erneuten Anfertigen der schriftlichen Klausuren

Im Anschluss an den zweiten Klausurendurchgang musst Du **keine Wahlstation** mehr absolvieren. Zur Überbrückung bis zur Mitteilung der Klausurergebnisse solltest Du Dir allerdings eine Aufgabe suchen. Neben einem längeren Urlaub kann dabei insbesondere eine (juristische) Nebentätigkeit (finanziell) sinnvoll sein. Achte jedoch darauf, jede Nebentätigkeit – dies gilt für das gesamte Referendariat – auch frühzeitig **bei Deinem OLG anzuzeigen** und den erlaubten zeitlichen Umfang nicht zu überschreiten. Auch konkrete Gedanken darüber, wie es beruflich für Dich weitergehen soll, solltest Du so langsam anstellen und Dich ruhig ein wenig auf dem Arbeitsmarkt umsehen.

29 Schaue Dir im Vorfeld eine mündliche Prüfung als Besucher an

Im 2. Staatsexamen besteht ein **großer Vorteil**: Man hat die Examenssituation – sowohl hinsichtlich der Klausuren als auch bezüglich der mündlichen Prüfung – am Ende des Studiums mit dem 1. Staatsexamen **bereits einmal erlebt**. Grundsätzlich weiß man also, was einen insbesondere bei der abschließenden mündlichen Prüfung erwartet. Trotz alledem empfehlen wir Dir, vor Deiner eigenen Prüfung eine **mündliche Prüfung im 2. Examen als Besucher** anzuschauen.

» Wichtigkeit der mündlichen Prüfung

Für den Besuch einer mündlichen Prüfung als Vorbereitung der eigenen Prüfung spricht die **überragende Wichtigkeit der Prüfung** für das Ergebnis des 2. Staatsexamens. Denn Aktenvortrag und Prüfungsgespräch machen insgesamt – je nach Bundesland – bis zu 40 % der Endnote aus.

	Aktenvortrag	**Prüfungsgespräch**
Baden-Württemberg	6 %	24 %
Bayern	---	30 %
Berlin/Brandenburg	16 %	24 %
Bremen/Hamburg/ Schleswig-Holstein	8 %	22 %

Hessen	10 %	30 %
Mecklenburg-Vorpommern	5,55 %	27,77 %
Niedersachsen	12 %	28 %
*NRW**	10 %	30 %
Rheinland-Pfalz	6 %	24 %
Saarland	10 %	20 %
Sachsen	6,67 %	26,66 %
Sachsen-Anhalt	10 %	30 %
Thüringen	7 %	28 %

Dabei sind viele Prüfer durchaus bereit, die Referendare in der mündlichen Prüfung **deutlich besser zu bewerten** als es nach dem Schnitt aus den Klausuren der Fall ist. Man kann also mit einer guten mündlichen Prüfung deutliche Verbesserungen sowie **Notensprünge erreichen**.

Notensprünge sind machbar

Über Protokolle-Assessorexamen.de erhalten wir eine Vielzahl an Protokollen zu mündlichen Prüfungen im 2. Examen. Eine Auswertung der

* Ab dem Klausurdurchgang 11/2023 fließt der Aktenvortrag mit 10 % und das Prüfungsgespräch mit 25 % in die Gesamtbewertung des Examens ein.

Examensergebnisse hat dabei gezeigt, dass Notensprünge durch die mündliche Prüfung sehr gut machbar sind! Im Einzelnen:

Notensprung von ausreichend auf befriedigend: ca. 57 %

Notensprung von ausreichend auf vollbefriedigend: ca. 1 %

Notensprung von befriedigend auf vollbefriedigend: ca. 44 %

Notensprung von befriedigend auf gut: ca. 0,5 %

Notensprung von vollbefriedigend auf gut: ca. 20 %

Außerdem ist das Ergebnis des 2. Staatsexamens **für den Jobeinstieg** als Volljurist enorm wichtig. Nahezu alle Entscheider in der freien Wirtschaft werden der Note aus dem Assessorexamen eine höhere Bedeutung zumessen als dem Ergebnis des 1. Examens. Und selbst der Staat stellt teilweise hinsichtlich der Einstellungskriterien allein auf das 2. Examen ab.*

» Aktenvortrag als „Visitenkarte“

Ein Besuch einer mündlichen Prüfung im 2. Examen ist auch deshalb besonders hilfreich, weil man sich als „unbeteiligter Dritter“ **das Halten der Aktenvorträge** anschauen kann. Dabei hat man sogar den Luxus, den Vortrag von vier oder fünf Kandidaten vergleichen zu können, die nacheinander den Aktenvortrag der Kommission präsentieren.

Gerade vor dem Aktenvortrag haben viele Referendare **besonderen Respekt.** Und das ist durchaus nachvollziehbar: Mit dem Aktenvortrag beginnt der Tag der mündlichen Prüfung. Sofern es kein „Vorstellungsgespräch“ beim Prüfungsvorsitzenden gab, lernen die Prüfer den Kandidaten gerade mit dem

* So entscheidet beispielsweise allein das Resultat im 2. Examen darüber, ob man die Chance hat, in Bayern als Richter auf Probe eingestellt zu werden.

Halten des Aktenvortrags erstmals kennen. Der Aktenvortrag ist also in der Regel **die „Visitenkarte" des Referendars** und hat mittelbar sicherlich großen Einfluss darauf, wie die Benotung des nachfolgenden Prüfungsgesprächs ausfällt.

» Oftmals Anmeldung erforderlich

Unserer Kenntnis nach ist der Besuch einer mündlichen Prüfung **grundsätzlich in jedem Bundesland möglich**. Man sollte sich aber rechtzeitig auf der Seite des eigenen Justizprüfungsamts darüber informieren, ob ein Antrag zu stellen ist, der Besuch eine Anmeldung erfordert und / oder **sonstige Fristen bestehen**. Als Beispiel gehen wir im Folgenden auf die Regelungen in NRW und Hessen genauer ein:

(1) Nordrhein-Westfalen

In NRW ist Voraussetzung ein rechtzeitiger **Antrag auf Reservierung eines Zuhörerplatzes**. Der Antrag auf Platzreservierung soll per E-Mail an zuhoerer@jm.nrw.de gerichtet werden, die Anmeldung kann aber auch schriftlich erfolgen. Ob man einen Zuhörerplatz erhalten hat, erfährt man per Brief.

Der Antrag auf Reservierung eines Zuhörerplatzes muss spätestens zwei Wochen vor dem jeweiligen Prüfungstermin vorliegen.

(2) Hessen

In Hessen sind nur **bei bestimmten mündlichen Prüfungen** Zuhörer zugelassen. Die Liste der Prüfungen kann auf der Seite des LJPA eingesehen werden.

Anders als in NRW ist ein vorheriger Antrag beim Prüfungsamt offenbar nicht erforderlich. Laut den Hinweisen des JPAs wird empfohlen, sich

rechtzeitig (ca. 15 Min.) vor Prüfungsbeginn einzufinden und sich beim Prüfungsvorsitzenden anzumelden.

Hinweis: Rechtsgrundlage für die Teilnahme als Besucher

Rechtlich geregelt ist der Besuch einer mündlichen Prüfung in den Juristenausbildungsverordnungen der Länder. So lautet beispielsweise *§ 53 Abs. 7 JAPrO Baden-Württemberg*: „Rechtsreferendaren und anderen Personen, die ein berechtigtes Interesse haben, kann das Landesjustizprüfungsamt die Anwesenheit bei der mündlichen Prüfung mit Ausnahme der Beratung und der Bekanntgabe des Prüfungsergebnisses gestatten."

Sollten sich also auf der Homepage Deines Prüfungsamts keine Infos für das Zuhören bei mündlichen Prüfungen finden, schaue zunächst in die Ausbildungsordnung Deines Landes. Sind auch dort die Voraussetzungen für einen Besuch nur allgemein umrissen, setze Dich mit Deinem JPA in Verbindung.

» Vorherige Teilnahme lohnt sich

Die Teilnahme an einer mündlichen Prüfung im 2. Examen als Besucher hilft sicherlich dabei, die **eigene Nervosität etwas zu mindern**. Bei einem Besuch lernt man nicht nur das Prüfungsgebäude, sondern ggf. sogar **seinen eigenen Prüfungssaal** kennen. Darüber hinaus kann man sogar das Glück haben, beim Besuch einen Prüfer zu erleben, der in der **eigenen Prüfungskommission** sitzt. Denn nicht selten lassen sich Prüfer innerhalb einer Kampagne gleich mehrmals einteilen.

Hat man bereits seine Ladung erhalten und kennt man somit seine eigenen Prüfer, sollte man auf jeden Fall versuchen herauszufinden, ob der

Prüfer in den Tagen vor der eigenen Prüfung nochmals Teil einer Kommission ist. Ist das der Fall, sollte man sich **schleunigst darum bemühen**, an diesem Termin als Zuhörer dabei zu sein!

> **Tipp: Liste aller Prüfungen online einsehen**
>
> Viele Justizprüfungsämter veröffentlichen lediglich eine Liste mit den Terminen, an denen mündliche Prüfungen stattfinden, nicht aber die Zusammensetzung der einzelnen Kommissionen. Auf unserer Internetseite Protokolle-Assessorexamen.de findest Du dagegen für jedes Bundesland eine Liste mit den nächsten mündlichen Prüfungen – inklusive der namentlichen Nennung der jeweiligen Prüfer! Gehe dazu einfach auf die Seite https://www.*bundesland*.protokolle-assessorexamen.de*, und Du findest dort alle angesetzten und bekannten Prüfungen des jeweiligen Landes auf einen Blick.

Selbst wenn der Prüfungsort von Deinem aktuellen Wohn- und Ausbildungsort etwas entfernt ist, sollte Dich das nicht davon abhalten, eine Prüfung als Besucher mitzuerleben. Die **Kosten für die Hin- und Rückfahrt** sowie ggf. entstehende Hotelkosten kann man – neben den sogenannten Verpflegungsmehraufwendungen – als berufsbedingte Aufwendungen **steuerlich geltend machen**.

* Bist Du Referendar in Bayern lautet die Internetadresse zum Abruf der Liste mit den Prüfungen also https://www.bayern.protokolle-assessorexamen.de.

30 Übe möglichst viele Aktenvorträge für die mündliche Prüfung

Der Tag ist gekommen und Du hältst den positiven Bescheid über Deine schriftlichen Prüfungsleistungen in den Händen. Die erste Hürde ist somit gemeistert und schon bald steht die **mündliche Prüfung** an. Bestandteil der mündlichen Prüfung ist dabei in jedem Bundesland – mit Ausnahme von Bayern – das **Halten eines Aktenvortrags**.

Der Aktenvortrag bildet dabei immer den **ersten Teil der mündlichen Prüfung**; erst anschließend folgen die Prüfungsgespräche. Mit dem Vortrag gibt man also seine „Visitenkarte" bei den bis dato unbekannten Prüfern ab.

Der erste Eindruck ist enorm wichtig

Der erste Eindruck, den man bei den Prüfern macht, sollte keinesfalls unterschätzt werden! Im Gegenteil: Der Vortrag prägt oftmals – ob bewusst oder unbewusst – das Bild der Prüfer von den Kandidaten erheblich und beeinflusst somit mittelbar auch die Bewertungen der anschließenden Prüfungsgespräche.

» Rechtsgebiet des Aktenvortrags

In den meisten Bundesländern kann der Aktenvortrag **grundsätzlich aus allen Rechtsgebieten** stammen, die zum Pflichtstoff des 2. Examens zählen. Erst mit Erhalt der Ladung zur mündlichen Prüfung erfährt man verbindlich, aus welchem Rechtsgebiet der Aktenvortrag stammen wird (so zum Beispiel in NRW und Mecklenburg-Vorpommern).

Vor dieser Festlegung im Rahmen der Ladung sollte man sich vor allem mit **Vorträgen aus dem Zivilrecht** auf die mündliche Prüfung vorbereiten. Denn einen zivilrechtlichen Vortrag halten zu müssen, ist grundsätzlich am wahrscheinlichsten. Sollte mit der Ladung der mündlichen Prüfung mitgeteilt werden, dass der Vortrag doch aus dem Strafrecht, dem Öffentlichen Recht oder dem Arbeitsrecht stammen wird, hat man noch ausreichend Zeit, **weitere Vorträge aus dem jeweiligen Rechtsgebiet** zur Probe zu halten.

Eine andere Regelung gilt aber beispielsweise in **Niedersachsen, Hamburg und Rheinland-Pfalz**: Dort richtet sich das Rechtsgebiet des Aktenvortrags nach dem vom Referendar **gewählten Wahl- bzw. Schwerpunktbereich**.

In der Wahlstation bieten einige Bundesländer in der AG verstärkt das Halten von Aktenvorträgen zu Übungszwecken an. Diese Chance solltest Du **unbedingt nutzen**. Sofern Du Deine Wahlstation auswärtig absolvierst, hast Du hierzu zwar keine Gelegenheit, dennoch solltest Du Dich gerade dann intensiv mit dem Aktenvortrag auseinandersetzen und mehrere Vorträge – auch vor anderen Personen – üben.

» Original-Aktenvorträge und weitergehende Literatur zu Übungszwecken

Auf den Seiten einiger Justizprüfungsämter – so zum Beispiel beim LJPA NRW und dem JPA Hessen – findest Du viele **kostenlose Aktenvorträge** zum Herunterladen und Üben. Darüber hinaus gibt es auch viele Bücher, die Dir helfen können, eine gute Herangehensweise an den Aktenvortrag zu erlernen.

Neben der inhaltlichen Präsentation und einem guten Zeitmanagement ist für einen gelungenen Aktenvortrag jedoch auch die **äußere Darstel-**

lung (Haltung, Gestik, Mimik, Sprechweise) entscheidend. Wer also sowieso nicht gerne mündliche Prüfungen absolviert und sich vor Präsentationen scheut, sollte hierauf **besonderen Wert in der Vorbereitung** legen, um selbstbewusst aufzutreten und eine insgesamt souveräne Leistung abzuliefern.

» Vorbereitungszeit für den Aktenvortrag in der mündlichen Prüfung

Die Regelungen in den Gesetzen und Verordnungen der Länder hinsichtlich der Zeit, die den Kandidaten **zur Vorbereitung des Aktenvortrags** in der mündlichen Prüfung zur Verfügung steht, variieren von Land zu Land.

	Vorbereitungszeit
Baden-Württemberg	75 Minuten
Bayern	----
Berlin/Brandenburg	60 Minuten
Bremen/Hamburg/Schleswig-Holstein	90 Minuten
Hessen	60 Minuten
Mecklenburg-Vorpommern	90 Minuten
Niedersachsen	60 Minuten
NRW	60 Minuten
Rheinland-Pfalz	90 Minuten

Saarland	90 Minuten
Sachsen	60 Minuten
Sachsen-Anhalt	60 Minuten
Thüringen	90 Minuten

Wie schon bei den Übungsklausuren vor dem schriftlichen Examen lautet auch bei den zur Vorbereitung auf die mündliche Prüfung gehaltenen Aktenvorträgen unser Tipp, diese **in 15 Minuten weniger vorzubereiten** als eigentlich im Examen selbst zur Verfügung stehen. So simuliert man die **Zeitknappheit**, die im Examen aufgrund von Nervosität und Anspannung deutlich größer ist als bei den Übungsvorträgen zu Hause.

» Zeitmanagement und Aufbau Deines Aktenvortrags

Du wirst bei der Vorbereitung und nach einiger Übung schnell merken, wie Du am effektivsten an die Bearbeitung von Aktenvorträgen herangehst. Du kannst dabei mit **Textmarkern oder Post-Its** arbeiten oder Dir lediglich Notizen anfertigen. Wichtig ist, dass Du immer die Zeit im Blick behältst.

Dabei hat sich bei vielen Referendaren bewährt, nicht mehr als ein Viertel der Zeit zum **Erfassen des Sachverhaltes** aufzuwenden. Zwei Viertel der Zeit solltest Du sodann der **Ausarbeitung Deiner Lösung** widmen und Dir das verbleibende Viertel der Zeit als Reserve einplanen, um Deine Ausarbeitung noch einmal **kontrollieren** zu können.

Bei Deiner Ausarbeitung solltest Du jedoch vor allem darauf achten, Deine Lösung **nicht auszuformulieren**. Du wirst sonst sehr wahrscheinlich in große Zeitnot geraten und läufst zudem Gefahr, Deine Lösung einfach nur abzulesen. Es ist aber gerade **Prüfungsbestandteil**, dass Du einen Vortrag *hältst* und nicht, dass Du einen Vortrag *abliest*.

Fasse Deine Lösung – mit Ausnahme der abschließenden Anträge – daher nur **in knappen Stichpunkten** zusammen.

Aufbau eines Aktenvortrags

Hinsichtlich des Aufbaus eines Aktenvortrags kannst Du Dir bereits jetzt merken, dass sich der Vortrag stets folgendermaßen gliedert:

1. Kurze Einleitung
2. Sachverhaltsschilderung
3. Kurzvorschlag
4. Rechtliche Würdigung
5. Abschließender Entscheidungsvorschlag

31 Zerbreche nicht, wenn Du das Examen endgültig nicht bestehst

Beim ersten Examensdurchgang **hat es nicht gereicht** und Du hast die schriftliche Prüfungsleistung nicht bestanden. Nach einem kleinen Tief bist Du anschließend mit viel Hoffnung und voller Elan in den Ergänzungsvorbereitungsdienst gestartet und warst Dir sicher, dass es diesmal geklappt hat – und doch wird Dir nun bescheinigt, dass es erneut nicht gereicht hat. Das 2. Examen ist **endgültig nicht bestanden**.

Ist man auch bei der Wiederholung des Staatsexamens durchgefallen, wird man aus dem Referendariat **entlassen**. Man besucht also keine Arbeitsgemeinschaften mehr, hat keinen Einzelausbilder und erhält keine Unterhaltsbeihilfe.

» Widerspruch / Klage beim Verwaltungsgericht

Hinsichtlich der Einsichtnahme in die Klausuren sowie das mögliche Einlegen eines Widerspruchs gegen die Bewertung einzelner Klausuren gilt das bereits oben im Falle des erstmaligen Durchfallens Gesagte. Beim zweiten Versuch sind natürlich die Überlegungen hierzu noch viel bedeutsamer, da das Vorgehen gegen das Prüfungsergebnis nunmehr zum **Griff nach dem letzten Strohhalm** wird.

Hast Du erfolglos Widerspruch erhoben, bleibt allein noch die Möglichkeit, **Klage vor dem Verwaltungsgericht** zu erheben. Statthafte Klageart ist dabei die Verpflichtungsklage nach *§ 74 Abs. 2 VwGO*, die auf eine Neubewertung der Prüfung unter Beachtung der Rechtsauffassung des Gerichts gerichtet ist. Berücksichtigen musst Du selbstverständlich auch hier die weiteren Kosten, wie die **Gerichts- und etwaige Anwaltskosten**.

Dem Verfahren auf Überprüfung der Bewertung des 2. Staatsexamens legen die Gerichte dabei einen **Gegenstandswert von 15.000 Euro** zugrunde.

Erfolgsaussichten auf dem Klageweg

Die Angaben aus Bayern beziehen sich zwar auf sämtliche vom LJPA abgenommenen Prüfungen und nicht nur auf das 2. Examen, zeigen jedoch die Erfolgsaussichten eines Klageverfahrens gegen Bewertungsentscheidungen: Von den 23 in 2020 abgeschlossenen Verwaltungsstreitverfahren war eines erfolgreich. Kein Verfahren endete mit einem Vergleich oder einer übereinstimmenden Erledigungserklärung.

Auch im Jahresbericht 2020 des LJPA Baden-Württemberg finden sich Angaben zum Klageverfahren. So waren zu Beginn des Berichtsjahres 21 Klagen anhängig; 20 weitere wurden im Laufe des Berichtsjahres erhoben. Insgesamt sechs Verfahren sowie drei Verfahren im einstweiligen Rechtsschutz wurden 2020 erledigt; weitere Angaben, insbesondere zum Erfolg oder Misserfolg der erledigten Verfahren, machte das LJPA jedoch nicht.

» Der 3. Versuch („Gnadenversuch")

Es besteht zudem die Möglichkeit, beim Prüfungsamt zu beantragen, das Examen zum 3. Mal ablegen zu dürfen. Umgangssprachlich wird dieser letzte Versuch als **„Gnadenversuch"** bezeichnet.

Die gute Nachricht: Ein solcher „Gnadenversuch" **ist in den Prüfungsordnungen aller Länder** vorgesehen. Allerdings unterscheiden sich die Regelungen inhaltlich voneinander. Zum Teil muss man beispielsweise in der ersten Wiederholungsprüfung einen bestimmten Punkteschnitt erreicht haben, um einen Antrag stellen zu können oder es muss **eine außergewöhnliche Beeinträchtigung des Referendars** im zweiten

Prüfungsverfahren vorgelegen haben. Inwieweit Deinem Antrag tatsächlich stattgegeben wird, insbesondere ob dies nur eine Formalie ist oder ob das Vorliegen der Voraussetzungen streng geprüft wird, ist ungewiss.

Beispiele für die Voraussetzungen eines Gnadenversuchs

Wie unterschiedlich die Voraussetzungen in den Justizprüfungsordnungen der Länder ausgestaltet sind, insbesondere ob konkrete Kriterien genannt oder die Kriterien „generalklauselartig" formuliert sind, zeigt ein Vergleich der Regelungen der Länder Berlin, Mecklenburg-Vorpommern und dem Saarland:

In Berlin ist nach *§ 32 Abs. 2 JAO* ein Antrag auf eine zweite Wiederholung der zweiten juristischen Staatsprüfung innerhalb von drei Monaten nach Bekanntgabe des Ergebnisses der Wiederholungsprüfung zu stellen. Jedoch besteht eine hinreichende Aussicht auf Erfolg nach *§ 17 Abs. 5 S. 2 des Berliner Juristenausbildungsgesetzes* nicht, wenn in der Wiederholungsprüfung ein niedrigerer Punktdurchschnitt als 3,0 erzielt worden ist.

Für Mecklenburg-Vorpommern bestimmt *§ 16 JAG*, dass im Ausnahmefall die Zweite juristische Staatsprüfung nochmals wiederholt werden kann.

Für das Saarland regelt *§ 34 Abs. 1 JAG*: „Wer die Prüfung bei dem in *§ 2* bezeichneten Landesprüfungsamt für Juristen bei der Wiederholung nicht bestanden hat, darf sie auf Antrag in besonderen Ausnahmefällen ein zweites Mal wiederholen, wenn seine bisherigen Leistungen erwarten lassen, dass er die Prüfung nach weiterer Vorbereitung bestehen wird."

Eine Übersicht zu den Vorschriften aller 16 Bundesländer findest Du auf der Internetseite https://www.protokolle-assessorexamen.de/wiederholung-gnadenversuch.

» Berufliche Möglichkeiten ohne das 2. Examen

Sollten Widerspruch, Klageverfahren und Gnadenversuch nicht in Betracht kommen oder erfolglos sein, musst Du Dich zu gegebener Zeit zwangsläufig damit befassen, wie es nun **beruflich weitergehen** soll. Idealerweise wartest Du damit nicht bis zum letzten Moment, sondern informierst Dich frühzeitig, was für Möglichkeiten sich Dir auf dem Arbeitsmarkt allein mit dem 1. Examen bieten.

Auch wenn Du nicht als Volljurist arbeiten kannst und Dir damit das klassische Berufsfeld des Anwalts oder auch eine Tätigkeit als Richter oder Staatsanwalt verwehrt bleibt, so gibt es dennoch **viele Möglichkeiten**, auch ohne das 2. Examen beruflich durchzustarten. Setze Dich nur einmal intensiv mit den Stellenangeboten auseinander und investiere etwas Zeit. Besonders in der freien Wirtschaft ergeben sich berufliche Möglichkeiten, **beispielsweise als Sachbearbeiter**. Hier lohnt der Blick auf Wirtschaftsprüfungsgesellschaften, Rechtsabteilungen, Unternehmensberatungen oder die Versicherungsbranche. Auch der öffentliche Dienst ist Dir nicht gänzlich verwehrt und der gehobene öffentliche Dienst, insbesondere in **Stadtverwaltungen oder der Agentur für Arbeit**, kann eine Option auf dem Arbeitsmarkt darstellen.

» Weiterbildung oder fachliche Umorientierung

Noch einmal studieren? Auf keinen Fall. Das mag Dir im ersten Moment durch den Kopf gehen, wenn wir Dir vorschlagen, vielleicht auch einmal über einen Masterstudiengang nachzudenken. Damit meinen wir nicht unbedingt den klassischen LL.M., sondern vielmehr **wirtschaftswissenschaftliche (Aufbau-)Studiengänge**, die Dir eine zusätzliche Qualifikation bringen und mitunter sogar neben dem Beruf absolviert werden können. Für Absolventen, die lediglich das 1. Examen aufweisen können, gilt umso stärker, dass sie sich ihre **Nischen suchen** müssen und eine Verknüpfung mit wirtschaftlichen Kenntnissen kann für Dich insofern sehr gewinnbringend sein.

Auch ein komplett neuer **(Bachelor-)Studiengang**, bei dem Du Dir einige Scheine aus dem Jurastudium gegebenenfalls sogar anrechnen lassen kannst, kann eine Option sein, wenn Du eine weitere akademische Qualifikation erlangen möchtest. Natürlich kommt dabei auch eine Umschulung in einen absolut **jurafremden Bereich** in Betracht, sofern Du entsprechende Kenntnisse vorweisen kannst und der Juristerei am liebsten dauerhaft Lebewohl sagen möchtest.

Insbesondere der Marketingbereich bietet Quereinsteigern aus verschiedenen Fachrichtungen oftmals gute Einstiegsmöglichkeiten.

Kommerzielle Berater für Juristen ohne 2. Examen

Lediglich der Vollständigkeit halber möchten wir an dieser Stelle darauf hinweisen, dass es auch kommerzielle Unternehmen gibt, die Juristen beraten, die das 2. Staatsexamen endgültig nicht bestanden haben. So zum Beispiel das Unternehmen „Staatsexamen Plan B“, das unter anderem damit wirbt, „Informationen und Unterstützung im Zusammenhang mit der maximalen Verwertung des bereits absolvierten rechtswissenschaftlichen Studiums“ zu liefern.

Zur Qualität sowie zum Preis-Leistungsverhältnis einer solchen Beratung können wir keine Aussagen treffen.

Abschnitt 4

» Weitere Tipps & Hinweise für die Zeit nach dem Referendariat

32 Melde Dich rechtzeitig arbeitssuchend bzw. arbeitslos

Mit bestandener mündlicher Prüfung endet der juristische Vorbereitungsdienst. Der große Vorteil der Ausgestaltung des Referendariats als **öffentlich-rechtliches Ausbildungsverhältnis** ist, dass man bis zum Start in den ersten Job als Volljurist einen Anspruch auf **Arbeitslosengeld (ALG 1)** hat, welches zumindest dazu ausreichen sollte, die weiterlaufenden Kosten wie zum Beispiel die Miete zu decken.

In den Bundesländern, in denen Rechtsreferendare dagegen als **„Beamte auf Widerruf“** eingestellt werden*, ist das anders: Da von der Besoldung von Beamten keine Sozialabgaben abgeführt und somit auch **keine Beiträge zur Arbeitslosenversicherung** abgeführt werden, liegen nach dem Ende des Referendariats die Voraussetzungen für den Bezug von ALG 1 nicht vor; vielmehr besteht nach Beendigung des Vorbereitungsdienstes lediglich die **Möglichkeit, ALG 2 zu beantragen**.

» Rechtzeitige Meldung bei der Arbeitsagentur erforderlich

Voraussetzung für den Bezug von Arbeitslosengeld ist, dass man sich **rechtzeitig** bei der Agentur für Arbeit arbeitssuchend gemeldet hat. Hierzu genügt es nicht, sich einfach nach Beendigung der Ausbildung zu melden. Vielmehr ist es nach ***§ 38 SGB III*** grundsätzlich die Pflicht des

* Hierzu zählen aktuell Hessen, Sachsen und Mecklenburg-Vorpommern. In diesen Ländern wird man nur dann in ein öffentlich-rechtliches Ausbildungsverhältnis eingestellt, wenn man die Voraussetzungen einer Verbeamtung nicht erfüllt.

Arbeitssuchenden, „sich innerhalb von drei Tagen nach Kenntnis des Beendigungszeitpunktes zu melden".

Es ist allerdings fraglich, wann man als Rechtsreferendar die **Kenntnis vom Beendigungszeitpunkt** – der die 3-Tages-Frist auslöst – erlangt. Frühestmöglicher Zeitpunkt der Kenntniserlangung im Sinne des SGB III ist in jedem Fall der **Erhalt der Ladung**, mit der man seinen Termin zur mündlichen Prüfung genannt bekommt. Auch wenn man nicht wie ein Orakel vorausschauen kann, ob man denn die mündliche Prüfung tatsächlich besteht (theoretisch ist ja alles möglich und gerade nervöse Prüflinge neigen dazu, sich „Horrorszenarien" auszumalen), ist man **auf der sicheren Seite**, wenn man sich innerhalb von drei Tagen nach Erhalt des Briefs bei der Arbeitsagentur meldet.

Nun hat man nach Erhalt der Ladung ja natürlich viel Wichtigeres zu tun, als **zur zuständigen Arbeitsagentur zu gehen**, Formulare auszufüllen und sich arbeitssuchend zu melden. Protokolle müssen besorgt und durchgearbeitet werden und Dank des nun bekannten Prüfungstermins steigt das Stresslevel. Daher **verpassen viele Referendare die 3-Tages-Frist** nach Erhalt der Ladung und melden sich erst danach – zum Teil auch erst nach der bestandenen mündlichen Prüfung – offiziell bei der Arbeitsagentur. Die Sachbearbeiter in den Arbeitsagenturen reagieren in der Regel auf eine solche späte Meldung mit der **Verhängung einer Sperrzeit von einer Woche**, in der der Anspruch auf Arbeitslosengeld ruht (*§ 159 Abs. 1 Nr. 7, Abs. 6 SGB III*).

Gegen die Verhängung einer solchen Sperrzeit sollte man aber in jedem Fall **Widerspruch einlegen**. Im Rahmen des Widerspruchs kann man auf das Urteil des Landesozialgerichts Bayern Bezug nehmen*: Das Gericht führte in seiner Entscheidung aus, der in der

* LSG München, Urteil vom 27.01.2015 – L 10 AL 382/13, NZA 2015, S. 860.

Ladung zur mündlichen Prüfung genannte Termin sei **lediglich ein vorläufiger Termin**, der durchaus noch verschoben werden könne. Die 3-Tages-Frist beginne daher für Rechtsreferendare erst mit dem Tag der mündlichen Prüfung und der **Verkündung des Ergebnisses durch den Prüfungsvorsitzenden**. Folgt man dieser Entscheidung, ist also auch eine Meldung erst nach absolvierter mündlicher Prüfung nicht zu spät.

Höhe des Arbeitslosengeldanspruchs:

In der Regel erhält man 60 % des durchschnittlich bezogenen Netto-Lohns als Arbeitslosengeld. Hat man ein Kind, für das Kindergeld bezogen wird, erhält man den erhöhten Leistungssatz von 67 %. Bei Rechtsreferendaren ist demnach die Netto-Unterhaltsbeihilfe die Bezugsgröße für das spätere Arbeitslosengeld.

Ein „kreativer“ Jurist forderte die Arbeitsagentur nach Beendigung seines Vorbereitungsdienstes auf, der Berechnung des ALG 1 nicht die geringe Unterhaltsbeihilfe zugrunde zu legen, sondern das mögliche erzielbare Einkommen als Richter. Nachdem die Arbeitsagentur dieser Forderung nicht nachkam, erhob er sogar Klage. Das LSG Sachsen-Anhalt* wies aber die Klage – wenig überraschend – ab, da es keine Rechtsgrundlage für eine solche fiktive Berechnung gebe. Die Nichtzulassungsbeschwerde beim Bundessozialgericht wurde dann vom BSG mangels ordnungsgemäßer Begründung verworfen.

» Beginn des Anspruchs auf Arbeitslosengeld

Problematisch ist zudem, **ab welchem Zeitpunkt** man Arbeitslosengeld vom Staat erhält. Denn in vielen Ländern erhält man im Monat der mündlichen Prüfung die gesamte Unterhaltsbeihilfe, obwohl das Referendariat

* LSG Sachsen-Anhalt, Urteil vom 24. Mai 2012 – L 2 AL 82/09.

ja bereits am Tag der mündlichen Prüfung mit der Verkündung des Prüfungsvorsitzenden endete.

Die Arbeitsagenturen nehmen diese Zahlung der Unterhaltsbeihilfe gerne mal zum Anlass, Arbeitslosengeld **erst ab dem 01. des Folgemonats zu bewilligen**. Im Zeitraum vom Tag der mündlichen Prüfung bis zum Ende des angebrochenen Monats ruhe der Arbeitslosengeldanspruch nach *§ 157 Abs. 1 SGB III*.

***§ 157 Abs. 1 SGB III* lautet:**

„Der Anspruch auf Arbeitslosengeld ruht während der Zeit, für die die oder der Arbeitslose Arbeitsentgelt erhält oder zu beanspruchen hat.“

Unser Tipp für Dich: Wehre Dich auch gegen diesen verspäteten Beginn der Zahlung des Arbeitslosengelds und berufe Dich auf die **Entscheidungen des Landessozialgerichts Hamburg sowie des Bundessozialgerichts**[*]. Beide Gerichte führten in ihren Urteilen aus, dass die Unterhaltsbeihilfe erkennbar nur für den Zeitraum bis zum Tag der mündlichen Prüfung an den Referendar gezahlt wird. Dies ergebe sich **aus der Vergütungsmitteilung**, der Lohnsteuerbescheinigung sowie der Meldebescheinigung des Landesamtes für Besoldung und Versorgung. Die Regelung der ***§ 157 Abs. 1 SGB III*** sei daher bereits **nicht einschlägig**.

Hat man also beispielsweise am 11. eines Monats seine mündliche Prüfung, zahlt das Land in der Regel am Anfang des Monats noch die gesamte Unterhaltsbeihilfe aus und der Anspruch auf Arbeitslosengeld beginnt – trotz dieser Zahlung – bereits am 12. des Monats.

[*] LSG Hamburg, Urteil vom 26.09.2007 – S 2 AL 783/06; BSG, Urteil vom 12.05.2021 – B 11 AL 6/20 R.

33 Mache Deine gebrauchten Bücher zu Geld

Nach dem Referendariat hat man für die vielen Bücher und Kommentare, die man sich während des juristischen Vorbereitungsdienstes angeschafft hat, **keine Verwendung mehr**. Juristen, die gerade erst mit ihrem Referendariat begonnen haben, sind aber stets auf der Suche nach günstigen gebrauchten Büchern. Daher unser Tipp: Lasse Deine Bücher nicht im Regal verstauben, sondern **mache Deine gebrauchten Skripte und Kommentare zu Geld**!

» Ankauffunktion im Referendarbuchladen

Um Dir den Verkauf Deiner Bücher so einfach wie möglich zu machen, haben wir eine **Ankauffunktion im Referendarbuchladen** integriert. Du erreichst diese unter https://www.referendarbuchladen/ankauf.

Auf der Seite kannst Du einfach die zu verkaufenden Bücher aus einer Liste auswählen. Nachdem Du jeweils den **äußeren Zustand** nach Schulnoten bewertet und Angaben dazu gemacht hast, ob **Markierungen, Unterstreichungen oder Anmerkungen** im Buch vorhanden sind, erhältst Du mit einem einzigen Klick sofort unseren Ankaufspreis für Deine Bücher angezeigt. Mit unserer Ankauffunktion entfällt somit das aufwendige Fotografieren, Beschreiben und Einstellen eines jeden Buchs auf einer Verkaufsplattform wie eBay oder Amazon.

Deine Vorteile auf einen Blick:

- Kein mühsames Einstellen aller Bücher auf Auktionsplattformen

• Keine Verkaufsgebühren wie bei eBay oder Amazon

• Wenig Aufwand: Nur ein Paket mit allen Büchern an uns statt einer Vielzahl an Sendungen an unterschiedliche Käufer

Bitte mache aber auf jeden Fall **realistische Angaben beim Einstellen Deiner gebrauchten Bücher**. Es kommt vor, dass uns Skripte in sehr gutem Zustand ohne Gebrauchsspuren („wie neu“) angekündigt werden, wir aber nach dem Auspacken feststellen müssen, dass diese angeblich neuwertigen Bücher ganz offensichtlich dem Referendar täglich als Frühstücksbrettchen und Untersetzer seiner Kaffeetasse gedient haben. **Bei einer solchen Diskrepanz** zwischen der Beschreibung durch den Referendar einerseits und dem tatsächlichen Zustand der Skripte und Kommentare andererseits unterbreiten wir **kein angepasstes Gegenangebot**, sondern senden die Bücher einfach an den Absender zurück.

Erstattung der tatsächlich gezahlten Versandkosten

Verkaufst Du an uns fünf Bücher oder mehr, dann fallen wir für Dich keine Versandkosten an. Wir übernehmen das Porto für ein DHL-Paket (7,49 Euro für Pakete bis zu 5 Kilogramm; bei schwereren Paketen teile uns bitte das von Dir gezahlte Porto per E-Mail mit).

Den Ankaufspreis überweisen wir Dir **umgehend nach Kontrolle der Bücher** auf die von Dir genannte Kontoverbindung. Du hast den Ankaufspreis somit einen Tag nach Erhalt des Pakets auf Deinem Konto.

34 Wage den Verbesserungsversuch

Hast Du das 2. Examen zwar bestanden, bist aber mit der erreichten Punktzahl bzw. der Notenstufe unzufrieden, stellt sich unweigerlich die Frage, ob es nicht sinnvoll ist, **einen Verbesserungsversuch zu unternehmen**. Mit diesem Kapitel möchten wir Dich dazu motivieren, im Zweifel einen Verbesserungsversuch zu wagen.

» *Überwinde Deinen „inneren Schweinehund“*

Das Gute vorweg: Inzwischen ist ein Verbesserungsversuch im 2. Examen **in jedem Bundesland möglich**. Nachdem anfangs nur sehr wenige Länder den Referendaren die Möglichkeit boten, durch das erneute Schreiben des Examens ihr Ergebnis nach oben zu korrigieren, haben inzwischen alle Länder einen Verbesserungsversuch eingeführt.

Zugegebenermaßen fällt es vielen Volljuristen schwer, sich nach dem stressigen und nervenaufreibenden Examen dazu zu motivieren, sich **erneut auf das schriftliche Examen vorzubereiten** und die Klausuren zu schreiben. Es ist verständlich, dass man am liebsten mit den juristischen Examina endgültig abschließen und in das Berufsleben starten möchte. In einer solche Situation muss man sich aber klarmachen, dass der Verbesserungsversuch – im wahrsten Sinne – eine **einmalige, nicht wiederkehrende Gelegenheit** ist, die Note im 2. Examen zu erreichen, die man sich selbst vorstellt.

Insoweit muss man sich auch die **Wichtigkeit des 2. Staatsexamens** für den Einstieg in das Berufsleben sowie bei späteren Jobwechseln verdeutlichen: Gerade weil das Ergebnis des 1. Staatsexamens aufgrund seiner akademischen Natur nicht selten bei den Entscheidern in der Praxis eine untergeordnete Rolle spielt[*], werden die **Bewerber vor allem an der im 2. Examen erzielten Note** gemessen. Je besser man im 2. Examen abschneidet, umso leichter wird einem der Berufseinstieg im Allgemeinen und das Ergattern des persönlichen Wunschjobs im Speziellen fallen.

Dementsprechend sollte die **Überwindung des „inneren Schweinehunds“** den ehemaligen Referendaren etwas leichter fallen, die einen klaren Berufswunsch haben, der aber nur mit einer bestimmten Examensnote verwirklicht werden kann. Hierzu zählen generell die Berufe im Staatsdienst, unabhängig davon, ob es um die **Karriere als Richter, Staatsanwalt oder im Öffentlichen Dienst** geht, sowie auch die ambitionierten Stellen in der Anwaltschaft, sei es in **Großkanzleien oder spezialisierten Boutiquen**.

Schließlich sollte man nicht unterschätzen, dass der **Verzicht auf den eigentlich gewollten Verbesserungsversuch** dazu führen kann, dass man die Entscheidung immer wieder einmal bereut. Auch wir kennen Juristen, die sich trotz des eigentlichen Berufswunschs Richter nicht motivieren konnten, erneut für das Examen zu lernen. Beide arbeiten seit Jahren erfolgreich als Rechtsanwalt; immer mal wieder kommt aber bei diesen der Gedanke auf *„Hätte ich doch damals mal...“*.

» Zeitlicher und finanzieller Aufwand

Selbstverständlich muss man sich vor der Entscheidung für das Angehen eines Verbesserungsversuchs den **zeitlichen und finanziellen Aufwand** bewusst machen. Je nachdem, wie häufig in dem Bundesland, in dem man

[*] Eine Abwertung hat das 1. Examen mit Sicherheit auch durch die Einführung der universitären Schwerpunktbereichsprüfungen erfahren, deren – absolut nicht miteinander vergleichbaren – Ergebnisse in die Examensgesamtnote mit einfließt.

das Referendariat absolviert hat, die Klausuren für das 2. Examen geschrieben werden, muss man **für einen vollständigen Verbesserungsversuch** – inklusive Vorbereitungszeit, schriftlichem Examen sowie mündlicher Prüfung – **durchaus ein Jahr einplanen**. In dieser Zeit erhält man keine Unterhaltsbeihilfe mehr; die monatlichen Lebenshaltungskosten laufen aber unvermindert weiter.

Zwar hat man als nicht verbeamteter Referendar* einen **Anspruch auf Arbeitslosengeld**, da Teile der Unterhaltsbeihilfe durch das Land an die Arbeitslosenversicherung abgeführt wurden. Voraussetzung für den Bezug von ALG I ist jedoch, dass man auch für den Arbeitsmarkt **zur Verfügung steht**, regelmäßig Bewerbungen schreibt** und ggf. einen angebotenen Job annimmt. Somit scheidet die **Finanzierung dieser Zeit durch das Arbeitslosengeld** grundsätzlich aus.

Tipp: Spiele bei der Arbeitsagentur mit offenen Karten

Auch wenn streng genommen der Bezug von Arbeitslosengeld zur Finanzierung des Verbesserungsversuchs aus den genannten Gründen ausscheidet, sollte man das Thema in jedem Fall mit seinem Sachbearbeiter offen besprechen. Wir hören immer mal wieder, dass (kompetente) Mitarbeiter der Arbeitsagentur darum wissen, wie wichtig eine

* Wie bereits erwähnt, werden nur die Rechtsreferendare in den Ländern Hessen, Sachsen und Mecklenburg-Vorpommern derzeit verbeamtet. In allen anderen Ländern absolviert man den Vorbereitungsdienst im Rahmen eines öffentlich-rechtlichen Ausbildungsverhältnisses.

** In der Regel wird als Minimum das Schreiben von zwei Bewerbungen pro Woche verlangt. Die Rechtsprechung hält diese Anzahl an Bewerbungen auch für zumutbar: Vgl. LSG Rheinland-Pfalz, Urteil vom 16.12.2014 – L 3 AS 505/13.

gute Note im 2. Examen für den Berufseinstieg ist, und deshalb die Vorbereitung auf den Verbesserungsversuch während des ALG I–Bezugs zuließen.

Hinzu kommen die **Gebühren**, die man für das Absolvieren des Verbesserungsversuchs zahlen muss und die je nach Bundesland bis zu 800 Euro betragen können.

	Gebühr
Baden-Württemberg	500 Euro
Bayern	kostenlos
Berlin	600 Euro
Brandenburg	600 Euro
Bremen	800 Euro
Hamburg	800 Euro
Hessen	500 Euro
Mecklenburg-Vorpommern	600 Euro
Niedersachsen	400 Euro
Nordrhein-Westfalen	600 Euro
Rheinland-Pfalz	400 Euro
Saarland	400 Euro

Sachsen	450 Euro
Sachsen-Anhalt	400 Euro
Schleswig-Holstein	800 Euro
Thüringen	500 Euro

Dabei kann es durchaus ratsam sein, sich – auch bei gewissen Zweifeln – zunächst **verbindlich für den Verbesserungsversuch anzumelden** und sich durch Einhalten der Frist einen Platz in einem bestimmten Klausurtermin zu sichern. Entscheidet man sich zu einem späteren Zeitpunkt dann doch gegen das nochmalige Schreiben der Klausuren, kann man seinen **Rücktritt vom Verbesserungsversuch** erklären und erhält einen großen Teil der bereits gezahlten Gebühren zurück.

Schließlich muss man sich auch für die Klausuren erneut **mit den neuesten Kommentaren und Gesetzestexten** eindecken, was ebenfalls bei der finanziellen Kalkulation zu berücksichtigen ist.

Tipp: 20 Euro Rabatt für Wiederholer

Wenn Du für Deinen Verbesserungsversuch die Examenskommentare auf unserer Seite https://www.juristenkoffer.de mietest und diese bereits bei Deinem ersten Versuch von uns bezogen hast, gewähren wir Dir 20 Euro Rabatt auf den Mietpreis Deines Juristenkoffers.

» Motivierende Zahlen

Auch die **Statistiken zum Verbesserungsversuch** sollten jeden Juristen dazu ermutigen, sich für das nochmalige Schreiben der Klausuren zu motivieren. Zwar veröffentlichen lediglich die Justizprüfungsämter von NRW und Niedersachsen regelmäßig Zahlen zu den Ergebnissen der Notenverbesserer; diese veröffentlichten Zahlen sprechen aber in jedem Fall dafür, einen Verbesserungsversuch zu unternehmen.

(1) Nordrhein-Westfalen

So haben im Jahr 2020 von den 281 Kandidaten, die ihren Notenverbesserungsversuch bestanden haben, lediglich ca. 24 % sich nicht verbessern können. Ca. 33 % der Kandidaten haben sich zumindest **im Punktwert verbessert**. Und ca. 43 % der Kandidaten – also 121 Juristen – schafften sogar einen **Notensprung**:

	Anzahl Kandidaten
Von ausreichend auf befriedigend	79
Von ausreichend auf vollbefriedigend	6
Von befriedigend auf vollbefriedigend	36
Von befriedigend auf gut	0
Von vollbefriedigend auf gut	0

(2) Niedersachsen

In Niedersachsen haben 72 Referendare im Jahr 2017* ihren Verbesserungsversuch durchgezogen und mit der mündlichen Prüfung abgeschlossen.

* Leider schlüsselt das LJPA Niedersachsen seit dem Jahresbericht 2018 nicht mehr auf, wie viele der Notenverbesserer sich punktemäßig verbessert bzw. einen Notensprung geschafft haben.

Lediglich 16 erreichten im Vergleich zum ersten Versuch keine Verbesserung; 56 Kandidaten konnten sich dagegen **punktemäßig verbessern**. Und immerhin 32 Juristen **schafften einen Notensprung**.

	Anzahl Kandidaten
Von ausreichend auf befriedigend	21
Von befriedigend auf vollbefriedigend	10
Von vollbefriedigend auf gut	1

35 Verwirkliche nach dem Referendariat ein Promotionsvorhaben

Nach dem Referendariat werden die meisten Volljuristen direkt Bewerbungen schreiben und **ins Berufsleben starten**. Auch wenn es auf den ersten Blick schwerfallen mag, zurück an die Uni zu gehen und im Rahmen einer Dissertation **wissenschaftlich zu arbeiten**, möchten wir Dich an dieser Stelle dazu ermutigen zu überlegen, ob für Dich nicht die Verwirklichung eines Promotionsvorhabens in Betracht kommt.

Voraussetzungen für eine Promotion

Die Promotionsordnungen der Universitäten setzen in der Regel das Bestehen einer juristischen Staatsprüfung mit Prädikat voraus. An manchen Universitäten ist aber auch ein „befriedigendes" Examen für die Annahme als Promotionsstudent ausreichend, sofern man weitergehende in der jeweiligen Promotionsordnung genannte Voraussetzungen erfüllt.

Eine Promotion nach dem Referendariat statt direkt im Anschluss an das 1. Staatsexamen in Angriff zu nehmen, ist natürlich vor allem für die Juristen eine Option, die mit einem **Prädikat im 2. Examen** eh erst die Voraussetzung dafür geschaffen haben, als Doktorand an einer Uni genommen zu werden. Aber auch unabhängig davon sprechen zahlreiche Gründe dafür, **(erst) nach dem Referendariat zu promovieren**.

» *Zuerst die Pflicht, dann die Kür*

Mit dem **Doktor** vor dem Namen einen zusätzlichen akademischen Grad zu erlangen oder einen mit dem **LL.M.** nachgewiesenen – in der Regel international ausgerichteten – Aufbaustudiengang zu absolvieren, stellt das **„i-Tüpfelchen" der juristischen Ausbildung** dar. Eine solche Qualifikation ist gerade bei Arbeitgebern in der freien Wirtschaft gern gesehen und wird auch durch ein höheres Einstiegsgehalt finanziell honoriert.

Höheres Einstiegsgehalt dank Promotion

Eine Studie des Soldan-Instituts hat ergeben: Hat ein Bewerber promoviert, aber kein Prädikatsexamen, erhält er 14 Prozent mehr Einstiegsgehalt als ein Kandidat ohne Prädikatsexamen und ohne Doktor-Titel. Und mit einem Prädikatsexamen plus Promotion steigt das Einstiegsgehalt sogar um 31 Prozent im Vergleich zu einem Kandidaten ohne Titel und Prädikatsexamen.*

Auch hilft ein solcher Titel, um sich im Rahmen des Berufseinstiegs von den (ähnlich qualifizierten) Mitbewerbern abzugrenzen. Dennoch bleiben

die **Ergebnisse in den beiden Examina** natürlich die entscheidenden Kriterien beim Jobeinstieg.

Dies gilt insbesondere bei Bewerbungen in den Staats- oder Justizdienst, wo allein der „Grundsatz der Bestenauslese" gilt.** Bereits aus diesem Grund sollte man sich zunächst **darauf fokussieren**, Referendariat und 2. Staatsexamen bestmöglich zu absolvieren, bevor man sich die Zeit für eine Promotion nimmt.

* Sabine Olschner, Dr. oder LL.M.: Welche Weiterbildung wählen?, Legal Tribune Online vom 23.02.2017 – https://www.lto-karriere.de/jura-studium/stories/detail/jura-weiterbildung-promotion-master-vorteile-nachteile.

** Gerade wenn man Richter oder Staatsanwalt werden möchte, ist zwingende Voraussetzung für eine erfolgreiche Bewerbung, dass man die von der Justiz aufgestellten (Mindest-)Notenanforderungen in den beiden Examina erfüllt. Eine Zusatzqualifikation wie ein Doktor-Titel kann ein unter der Notenvoraussetzung liegendes 2. Staatsexamen nicht ausgleichen.

» Planungs- und Vergessensrisiko

Auch das **Planungs- und Vergessensrisiko*** sind gute Argumente dafür, nicht direkt nach dem 1. Examen, sondern erst nach dem erfolgreichen Rechtsreferendariat zu promovieren.

Vor Beginn einer Dissertation ist es sehr schwierig abzuschätzen, wieviel Zeit man tatsächlich bis zur **Abgabe des fertigen Manuskripts** benötigt. Die Erfahrung zeigt, dass die vollständige Fertigstellung der Arbeit doch **deutlich mehr Zeit in Anspruch nimmt**, als man ursprünglich veranschlagt hatte. Dies gilt insbesondere dann, wenn man zur Finanzierung der Promotion an einem Lehrstuhl oder als externer Promotionsstudent in Teilzeit bei einer Kanzlei arbeitet. Nicht selten beginnen dann Juristen nach mehreren Jahren mit dem Referendariat, **ohne dass die Dissertation abgabereif** ist. Die Fertigstellung der Arbeit in den ersten Monaten des Vorbereitungsdienstes geht aber zulasten der erforderlichen Mitarbeit im Referendariat. Bei der Erarbeitung des neuen Stoffs entstehen so Lücken, die bis zum Assessorexamen nicht mehr schließbar sind. Das Promotionsvorhaben **beeinträchtigt eine optimale Examensvorbereitung**, was aber wegen der Wichtigkeit des Examensergebnisses unbedingt zu vermeiden ist.

Hinzu kommt das **Vergessensrisiko**: Im Referendariat bleibt gerade das materielle Recht überragend wichtig; und der neu vermittelte Stoff baut auf dem im Studium Gelernten auf. Den größten Wissensstand hat man aber regelmäßig **direkt nach dem erfolgreich bestandenen 1. Staatsexamen**. Es ist daher von enormem Vorteil, wenn man auf diesem Wissen

* Die Begriffe „Planungsrisikio“ und „Vergessensrisiko“ gehen zurück auf die Ausführungen von Prof. Dr. Meinard Dreher, der sich auf seiner Homepage ausführlich mit dem richtigen Zeitpunkt der Anfertigung einer Dissertation beschäftigt: https://dreher.jura.uni-mainz.de/promotion/anregung/.

aufbauen kann und nur wenig Zeit zwischen Referendarexamen und Beginn des Rechtsreferendariats liegt. Hat man dagegen mehrere Jahre zu einem speziellen Rechtsproblem geforscht, besteht die große Ge-fahr, dass man in den anderen Rechtsgebieten **bereits Erlerntes vergessen** hat.

» Ausrichtung des Promotionsvorhabens auf den Berufswunsch

Kommt die Anfertigung einer Dissertation grundsätzlich in Betracht, gibt es **zwei weitere Gründe** dafür, sich erst nach dem 2. Examen mit der Option zu promovieren zu beschäftigen:

Zum einen steht man als Volljurist nach dem Referendariat gerade vor der Entscheidung, ins Berufsleben zu starten oder aber für ein Promotionsvorhaben zurück an die Uni zu gehen. Die Gefahr, sich **halbherzig für eine Promotion zu entscheiden**, ist aber gerade wegen der Möglichkeit, sich alternativ direkt für die Berufstätigkeit zu entscheiden, deutlich geringer als nach dem 1. Examen.

Zum anderen hilft der Vorbereitungsdienst mit seinen vielfältigen Stationen häufig dabei überhaupt **herauszufinden, in welchem juristischen Beruf und in welchem Rechtsgebiet** man später (ggf. ein Leben lang) arbeiten möchte. Nach einer solchen Orientierung im Referendariat besteht die viel bessere Möglichkeit, das Promotionsvorhaben **in Bezug auf das Thema der Dissertation** auf den zukünftigen Berufswunsch auszurichten.

36 Wie Du nach dem Referendariat den richtigen Job findest

Es ist geschafft. Du hast das 2. Examen bestanden. Die mündliche Prüfung liegt hinter Dir, das **Examenszeugnis hältst Du in den Händen** und blickst als frischgebackener Volljurist in die Zukunft. Doch damit liegt auch bereits eine neue Hürde vor Dir: die Jobsuche. Wie und vor allem wo findest Du nun den „richtigen" Job?

Wenn Du noch keine konkrete Vorstellung **von Deinem Berufseinstieg** hast, ist es umso wichtiger, dass Du Dir nicht nur über Deine eigenen Interessen und Fähigkeiten Gedanken machst, sondern Dich auch umfassend **über den Arbeitsmarkt informierst**. Dabei ist völlig egal, ob Du das 2. Examen mit einem „ausreichend" oder einem „gut" bestanden hast, denn das Ziel eines jeden Berufsanfängers sollte sein, nicht irgendeinen Job anzunehmen, sondern einen Job zu finden, der Deinen Interessen entspricht und Dir Freude bereitet.

Tipp: Karriere-Dossiers – Richter / Staatsanwalt werden

Selten gab es bessere Chancen für Volljuristen, den Einstieg in den Justizdienst als Richter bzw. Staatsanwalt zu schaffen! Falls es auch Dein Traumberuf ist, Proberichter bei Gericht oder der Staatsanwaltschaft zu werden, dann empfehlen wir Dir die Karriere-Dossiers „Richter / Staatsanwalt werden – Die Bewerbung für den Staatsdienst". Neben umfassenden Informationen über die Voraussetzungen für die Bewerbung als Richter bzw. Staatsanwalt, das Bewerbungsverfahren sowie das Auswahlgespräch für den Justizdienst, bekommst Du hilfreiche Tipps und Hinweise für eine erfolgreiche Bewerbung an die Hand.

Für jedes der 16 Bundesländer gibt es ein Karriere-Dossier. Erhältlich sind diese als Print-Bücher (zB im örtlichen Buchhandel und bei Amazon) sowie als E-Books im Referendarbuchladen bzw. auf unseren Richter-Infoseiten (https://www.juristenkoffer.de/richter/).

Mache Dir Gedanken darüber, in welchem Rechtsgebiet Du gerne tätig sein willst und **welche weiteren Faktoren** Dir wichtig sind: bist Du flexibel bei Deinem Arbeitsort oder örtlich eingeschränkt? Arbeitest Du bevorzugt im Team oder doch lieber alleine? Möchtest Du gerne rechtsberatend oder rechtsgestaltend tätig sein?

Flexibilität ist das A und O. Je flexibler Du bei der Jobsuche bist, umso schneller wirst Du auch Erfolg haben. Mitunter kann die Jobsuche auch eine Weile dauern. Lasse Dich hiervon jedoch nicht entmutigen. Auch wenn die Examensnoten oft der wesentlichste Faktor beim Berufseinstieg sind und es für manche Tätigkeiten **konkrete Notenanforderungen** gibt: Das Schauermärchen vom taxifahrenden Volljuristen ist längst überholt.

Wir haben Dir einige Möglichkeiten für die Jobsuche zusammengestellt, die Du **nicht nur für den Berufseinstieg**, sondern auch für einen **späteren Berufswechsel** im Hinterkopf behalten solltest.

» Stellenbörsen

Der **klassische Weg zum Job** führt oftmals über ausgeschriebene Stellen in Stellenbörsen, in denen Du nach vakanten Stellen in Deinem Interessengebiet suchst und Dich beim potentiellen Arbeitgeber bewirbst. Neben Anzeigen in Zeitschriften, wie zB der NJW, erleichtern vor allem **Online-Job-Plattformen** die Suche, indem sie das Internet auf aktuelle Ausschreibungen durchforsten und Dir fachlich und örtlich passende Stellenangebote anhand Deiner Suchkriterien anzeigen.

Stellenportale im Überblick:

Allgemeine Job-Plattformen, auf denen Du auch juristische Jobangebote findest, sind zB www.stepstone.de, www.indeed.de, www.jobware.de oder www.monster.de

Speziell für juristische Tätigkeiten sind interessant: www.lto.de/jobs, www.beck-stellenmarkt.de oder www.talentrocket.de/jura-jobs

Für eine Tätigkeit als Anwalt ist die Jobbörse der Bundesrechtsanwaltskammer empfehlenswert: www.brak.de/fuer-anwaelte/jobboerse

Hast Du Interesse an einer Tätigkeit im öffentlichen Dienst? Dann solltest Du einen Blick auf das spezielle Stellenportal für den öffentlichen Dienst werfen: www.interamt.de

» Berufliche Netzwerke

Netzwerke wie **XING oder LinkedIn** dienen nicht nur dem beruflichen Networking, Du kannst über sie auch einen Job finden: Stelle für **Recruiter** sichtbar ein, dass Du offen für Jobangebote bist und vielleicht meldet sich schon bald Jemand mit einem interessanten Jobangebot bei Dir.

Berufliche Netzwerke sind darüber hinaus auch eine gute Möglichkeit, um mit Kollegen weiterhin in Kontakt zu bleiben oder neue berufliche Kontakte zu schließen; **auch im künftigen Berufsleben** kann Dir dies weiterhelfen. In die Erstellung und Pflege eines XING- oder LinkedIn-Profils solltest Du daher auch etwas Zeit investieren.

Mehrere Plattformen und Arbeitgeber bieten Bewerbern bereits an, sich direkt mit diesem Profil zu bewerben. Wenn Du diese Funktion nutzt, solltest Du Dich vergewissern, dass Dein Profil auch wirklich **vollständig und aussagekräftig** ist.

» Karrieremessen

Eine gute Möglichkeit, um sich von verschiedenen Arbeitgebern einen ersten Eindruck zu verschaffen sind Karrieremessen. Eine der größten und bekanntesten Karrieremessen für Juristen ist die **JURAcon**, auf der sich eine Vielzahl von Arbeitgebern präsentiert, und die Dir die Möglichkeit zu einem ersten Kennenlernen und effektiven Gesprächen bietet.

Einem Gespräch auf einer Karrieremesse solltest Du denselben Stellenwert beimessen wie jedem anderen Bewerbungsgespräch auch. Gehe daher **niemals unvorbereitet** auf eine Karrieremesse, sondern informiere Dich vorab über die potentiellen Arbeitgeber und sei in der Lage, Deine **Motivation und Zielsetzung** strukturiert darzulegen. Auch das Mitbringen einer persönlichen schriftlichen Bewerbung kann sich lohnen und bei einem guten ersten Eindruck direkt an die Personalabteilung weitergereicht werden.

» Recruiting-Plattformen

Auch **Recruiting-Plattformen** können Dir bei der Jobsuche behilflich sein. Sie verschaffen Dir zudem einen Eindruck, wie attraktiv Dein Profil für Arbeitgeber ist. Ein Anschreiben brauchst Du (zunächst) nicht zu verfassen.

Bekannte Anbieter von Recruiting-Plattformen sind:

Lawconex (www.lawconex.de), Legalhead (www.legalhead.de) oder LTO Jobmatch (www.jobmatch.lto.de).

Ein weiterer bekannter Anbieter ist clavisto (www.clavisto.de), der allerdings nicht allen Juristen offensteht. Um in die clavisto-Datenbank aufgenommen zu werden, musst Du überdurchschnittliche Leistungen nachweisen.

Der Ablauf ist grundsätzlich derselbe: Du registrierst Dich kostenlos auf der jeweiligen Plattform und legst **ein Profil mit den Angaben aus Deinem Lebenslauf** an. Arbeitgeber stellen zeitgleich entsprechende Stellenanzeigen mit ihren Anforderungen an potentielle Kandidaten ein. Passen die Anforderungen eines Arbeitgebers und Dein Profil zusammen, wird dem Arbeitgeber **Dein anonymes Profil** vorgeschlagen. Weckt dieses sein Interesse und er möchte Dich kontaktieren, wirst Du um Freigabe Deiner Kontaktdaten gebeten.

» *Juristische Personaldienstleister und Personalvermittler*

Erwähnenswert sind auch die juristischen **Personaldienstleister und Personalvermittler**. Insbesondere Hays (www.hays.de) und Perconex (www.perconex.de) haben sich in diesem Bereich einen Namen gemacht und vermitteln Juristen für **kurze Zeit** oder im Rahmen **längerfristiger Projekte** an Kanzleien oder Unternehmen. Auch die Übernahme in eine Festanstellung bei einem Arbeitgeber kann möglich sein. Möchtest Du einige Monate überbrücken oder hast Interesse an Projektarbeit? Winkt über diesen Weg vielleicht sogar die Chance auf eine Festanstellung bei einem tollen Arbeitgeber? Die Gründe können vielfältig sein und so kann es sich durchaus lohnen, bei der Jobsuche auch **den Weg über die Personalvermittlung** in Betracht zu ziehen.

Referendariat

· **Ziel**: Einführung in Funktionsweise der Justiz
Gelerntes praktisch anwenden.

· **Weg**: Praxis, AG, Selbststudium

· **Bedenke**: Es ist ein Arbeitnehmermarkt

· Dauer:

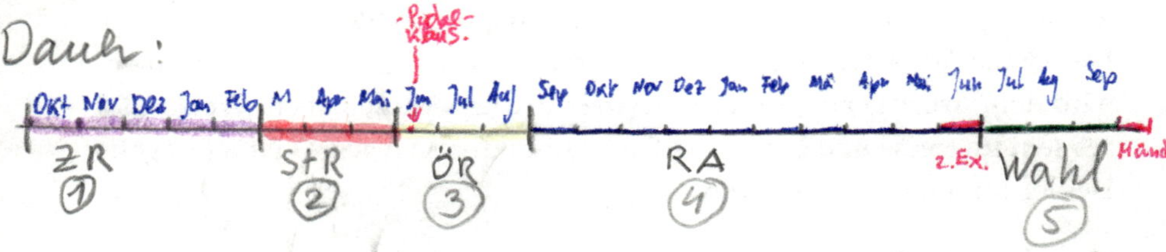

① ZR: Ordentl. Gericht: AG/LG; Geschäftsverteilungsplan LG (Abteilung/Kammer); Ab 2. Monat Praxis (Urteile, Votum, Entscheidung, Aktive Sitzungsteilnahme, Sachentscheidungen, Kostenentscheidung

② StR: StrafG nur ausnahmsweise, StA ist froh Referendare zu haben, die die Sitzungsvertretung machen; Praxisentscheidung; Amtsanwalt darf Sitzungsdienst machen; Fälle ohne Bedeutung, Handakten; Anklageschrift; Robe; Gang zum Gericht; Beweisaufnahme; Fragen, Plädoyer; 1 Woche Einführung (Tagessatz berechnen, Bewährung); aktive Teilnahme; Egal, ob Angst, Strafe daneben, Strafe daneben; Verfahrenseinstellung NIEMALS zustimmen.

③ Verwaltungsbehörde: Aktive Bewerbung (Zuweisung gesucht); Gemeinde, Ministerien, WDR; mind. 3 Praxisarbeiten; DHV Speyer; Ordnungsverfügungen, Bescheide; wöchentlich zwei Klausuren schreiben.

④ RA: Mind. 9 Praxisarbeiten (5 außergerichtl. / 4 gerichtl.) Beim Bewerbungsgespräch das Tauchen ansprechen; Tauchen: 4 Monate möglich; Praxisausbildung; Tagesreduktion in der Woche; Fortgeschrittenen AG; 4 Klausurenwochen mit je 4 Klausuren.

⑤ Wahlstation: Jede Station, bei der eine sachgerechte Ausbildung gewährleistet ist.

Gestaltungsspielraum Jede Station: Einfluss nehmen; Profilbildung: durch geeignete Stationswahl; Kontakte knüpfen; in Rechtsgebiete gucken, die ich nicht kenne; Regelm. Klausurenschreiben (ab Verwaltungsstation); Ab 2024: Elektron. Klausuren.

2. Examen: Juni 2024!!!

Z I: zivilgerichtl. Entsch.
Z II: Anwaltssicht
Z III: Zwangsvollstreckung (gerichtl. Sicht)
Z IV: Anwaltssicht (oftmals gestaltend: Vertrag entwerf... Revision)

S I: Abschlussentsch. StA (Anklage, Einstellungsverfügung)
S II: Strafurteil / häufiger: Revision
Ö I: Verwaltungsgerichtl. Urteil
Ö II: Behördensicht / Anwaltssicht

Klausurvorbereitung:
- Mitarbeit AG (auch wenn AG „schlecht" ist.
- Materielles Gewandt; sich klar machen, was abgeprüft werden kann, Praxisausbildung; AG; Klausurenkurs; Wahl der Station examensorientiert (z. B. Kreisverwaltung)
- Klausuren schreiben:
  - in AG
  - Klausurenkurs
  - Aktiv auf Klausurensituation vorbereiten
  - Umgang mit Hilfsmitteln (Kommentare) trainieren
  - „Das Wichtigste" können
  - Techniken, mit denen man Unbekanntes lösen kann.
  - Meinungen entwickeln, diese begründen, auch ohne Rspr. zu kennen.

Lehrbücher nicht nur lesen, rausschreiben. Klausuren schreiben; sich der Situation stellen; Du kannst nichts, Frustration, Lernen aus Fehlern, ROUTINE: Praxis mit Hilfsmitteln, Kommentare kennen lernen; günstige Vorauflagen kaufen: Palandt
- NAVIGATION innerhalb der Kommentare trainieren
- entspannen: Sich zwingen nicht hektisch zu werden.

- Auf Idiotenwiese gucken!
  4-5 Fundstellen, abschreiben, fertig
- Post Its
- Brutales Abschreiben
- Palandt
- Von vorne herein selbst/lösen
  Kommentar
- Ab Verwaltungs-
  station Klausuren schreiben.
- Klausurentabelle erstellen, konsequent
- Motivation, Entwicklung
- Tauchen aktiv bei Bewerbung ansprechen
- Aktenvorträge trainieren; AG gibt Halt.

Kommentar:
- Zentrale Arbeit, Training; 99% aller Probleme stehen im Kommentar.
- Arbeit mit Kommentar beherrschen.
- Jede Klausur ist anhand des Kommentars konstruiert.
- Stumpf ist Trumpf

Klausuren:
Echte Examensklausuren
Klausurenkurs OLG
Vorteil d. OLG-Klausuren: Irgendwann erkennt man Muster; Probleme werden angesprochen; Klausurenkonzeption; Drucker des NJPA verstehen / kennen
- Mat R + Prozess R

Von Anfang an:
Klausur im 2. Examen
= Praxisgerechtes Werk
Nur Praktiker korrigieren die Klausur
Praktiker muss sie toll finden: „So hätte ich auch entschieden :-)
Materiell-rechtl. muss Klausur nicht toll s[...]
Keine wissenschaftliche Tiefe.
Zeige, dass du verstanden hast wie du i[n] der Praxis arbeitest.
URTEILSSTIL; Strukturverständnis; Prozessrechtliche Komponente

- ALLE Prozessualen Konstellationen kenne[n]
  - Urteil
  - Widerklage in Urteil / Klage AUFBAU
    Konnexität ist bspw. unwichtig.
- Praktischer Aufbau, auch Sprache
- z. B. Urteil
  Aufbau: Widerklage?
  Aufbau: Aufrechnung?
  Anklageschrift
- Mat.-rechtl. Strukturverständnis
- Ab Verwaltungsstation: Keine Zeit für Nebenjob?